Wanderley da Silva

Nando Pinheiro | A Nossa motivação é motivar VOCÊ

Diretor Presidente
Evandro Guedes

Diretor da Editora / Operações e Gestão
Javert Falco

Diretor de Marketing / TI
Jadson Siqueira

Coordenação Editorial
Wilza Castro

Supervisão Editorial
Mariana Castro

Supervisão de Editoração
Alexandre Rossa

Analista de Conteúdo
Mateus Ruhmke Vazzoller

Assistente Editorial
Tatiane Zmorzenski

Consultor Editorial
Fabio Oliveira

Revisão Ortográfica
Monique Gonçalves

Capa
Nara Azevedo

Projeto Gráfico e Finalização
Nara Azevedo

Editoração Eletrônica
Nara Azevedo

S578mvc

SILVA, Wanderley da. Nando Pinheiro - A Nossa motivação é motivar você. 1.ed. Editora AlfaCon: Cascavel/PR, 2020.

248 p. 16 x 23 cm

ISBN: 978-85-8339-525-6

Motivação. Canal Nando Pinheiro. Ser Humano. Reação. Sucesso. Vitória. AlfaCon.

CDU: 159.947

EDITORA AlfaCon

Data de fechamento 1ª impressão: 22/04/2020

Dúvidas?
Acesse: www.alfaconcursos.com.br/atendimento
Núcleo Editorial:
Rua: Paraná, nº 3193, Centro - Cascavel/PR
CEP: 85.810-010
Núcleo Comercial/Centro de Distribuição:
Rua: Dias Leme, nº 489, Mooca - São Paulo/SP
CEP: 03118-040
SAC: (45) 3037-8888

Dedicatória

Cada vez que tomo nas mãos um novo livro, fruto de longo e exaustivo trabalho, a emoção é imensa. Nesse momento entendo por que muitos pensadores comparam o fato à chegada de um filho. Um dos motivos é o todo envolvido nessa realização. Por isso, dedico esta obra à fantástica equipe do Canal Nando Pinheiro. Foi o trabalho de cada um que produziu a ideia dessa consecução.

Dedico também a não menos fantástica equipe da Editora AlfaCon. Novos parceiros que me deram a grata alegria de sentir um trabalho bem feito, profissional e dedicado. Creio ser o início de uma caminhada mútua de grande sucesso.

Dedico ainda aos seguidores do Canal Nando Pinheiro, que tanto nos têm estimulado a prosseguir com esse bom trabalho. Os agradecimentos e o carinho de todos vocês nos motivam a continuar motivando-os. Vamos continuar juntos. Para quem o objetivo é o infinito, onde estamos faz parte do caminho.

Wanderley da Silva

RECURSOS

App AlfaCon Notes

Neste livro você encontra o **AlfaCon Notes** que é um App perfeito para registrar suas **anotações de leitura**, mantendo tudo **organizado e acessível** em seu smartphone. Deixe **sua leitura mais prática** e armazene tudo que puder! Viva a experiência AlfaCon Notes. É só seguir o passo a passo para instalação do App.

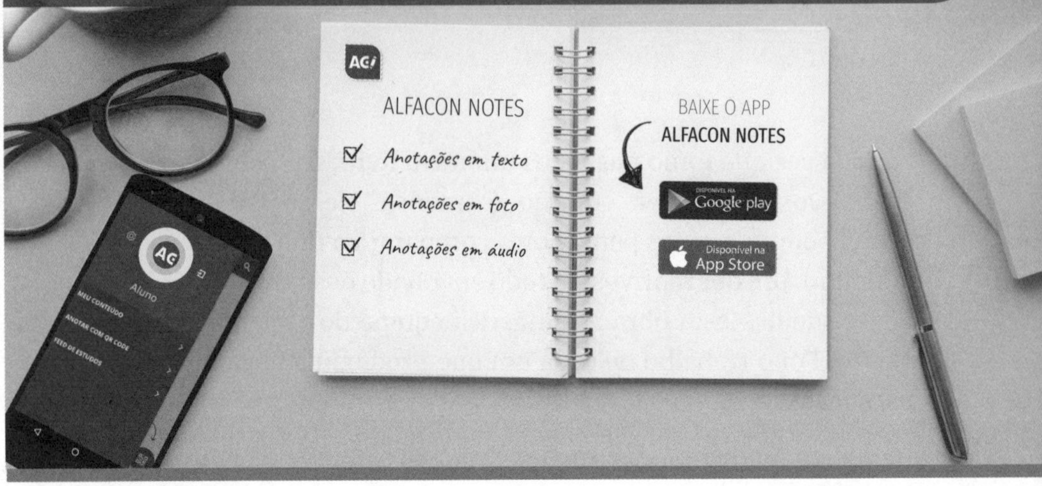

Passo 01:

Instale o **Aplicativo AlfaCon Notes** em seu smartphone.

DISPONÍVEL NA Google play

Disponível na App Store

Passo 02:

Você terá acesso ao seu Feed de estudos, no qual poderá encontrar todas as suas anotações.

App AlfaCon Notes

Para criar uma nova anotação, clique no ícone localizado no canto inferior direito da tela.

Passo 03:

Cada tópico de seu livro contém **um Código QR** ao lado.

App AlfaCon Notes

Escolha o tópico e faça a leitura do Código QR utilizando o aplicativo AlfaCon Notes para registrar sua anotação.

AlfaCon

Passo 04:

Pronto! Agora você poderá escolher o formato de suas anotações:

Texto:
Basta clicar no campo ***"Escreva sua anotação"*** e digitar seu comentário, **relacionado ao conteúdo** escolhido.

Áudio:
Clique no ícone ***"microfone"***, na lateral inferior direita, mantenha o ícone pressionado enquanto grava suas considerações de voz sobre o tópico que está lendo.

Foto:

1) Clique no ícone, na lateral **inferior esquerda**.

2) **Fotografe** as anotações realizadas durante sua leitura.

3) Envie no ícone na lateral **inferior direita**.

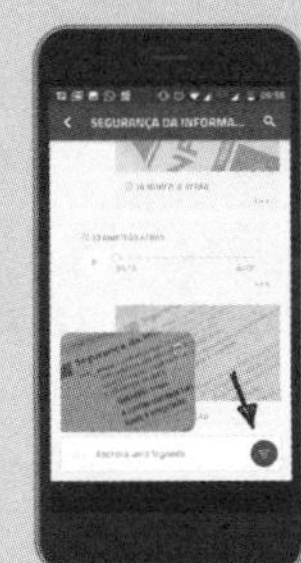

» Agora você tem suas **anotações organizadas** e sempre à mão. Elas ficarão **disponíveis** em seu smartphone.

» Pronto para essa **nova experiência?** Então, baixe o app **AlfaCon Notes** e crie suas anotações.

+ Recursos

Acesso ao Canal Nando Pinheiro
https://www.youtube.com/nandopinheiro

Se liga no **vídeo**!

Mais que um livro. É uma experiência!

Sumário

Prefácio

Herói brasileiro, mestre das pistas e da vida, nosso querido Ayrton Senna tinha em suas declarações, reflexões e pensamentos, pérolas tão arrojadas quanto as curvas e ultrapassagens que fazia. Fora das pistas, Senna entrava em cena cunhando frases eternas e impossíveis de derrapar nas curvas Tamburello da vida. Em uma entrevista, após uma vitória avassaladora na Fórmula 1 — ovacionado pelo público, apertado por câmeras e microfones, pressionado por repórteres ávidos por uma palavrinha para seus editais — ele soltou a pérola:

> *Eu sou parte de uma equipe. Então, quando venço, não sou eu apenas quem vence.*
> *De certa forma, termino o trabalho de um grupo enorme de pessoas!*

Eis, querido leitor, que você tem em mãos uma obra que contém em seu subtítulo uma frase com um pronome na terceira pessoa do plural: "A **NOSSA** MOTIVAÇÃO É MOTIVAR VOCÊ". Não se trata de erro de grafia ou de uma frase solta para encantar e impressionar. Você tem em mãos uma obra que define o que o Senna disse: *um trabalho realizado por um grupo enorme de pessoas.* Mais do que uma história de pessoas por trás de um Canal de vídeos na internet, temos em mãos o prazer de nos deleitar com o cruzamento de sonhos e desejos de pessoas que se reuniram em um projeto que tem agregado valor e dado uma centelha de esperança e motivos para agir a milhares de pessoas por trás das telinhas dos PCs e celulares espalhados pelos quatro cantos do mundo.

Wanderley da Silva, o autor de **Nando Pinheiro - A Nossa Motivação é Motivar Você**, é um camarada que eu conheci no Japão, quando eu ainda tinha 22 anos de idade. Na época, eu vivia de música. Fui apresentado por um amigo ao Wanderley, para colocar harmonia em centenas de composições suas. Admirei-me ante suas letras profundas, que poderiam estar fazendo imenso sucesso nas interpretações de grandes artistas nacionais, pela qualidade dos enredos e sentimentos expressos. Desde lá — já se vão 20 anos — nos cruzamos esporadicamente algumas vezes, mas realizamos longos trabalhos juntos.

Wanderley da Silva foi editor-chefe da minha revista no Japão. Por cinco anos assumiu todo o editorial da revista e, ainda por cima, escrevia algumas colunas como *ghost writer* com pseudônimos distintos. Minha preocupação era com a área de *marketing* e comercial, porque a qualidade literária da revista estava garantida. O cara é mestre nas palavras e de uma bagagem ímpar. É pesquisador, poeta, compositor palestrante, professor e escritor. Escreve editais, colunas, livros, textos publicitários, artigos acadêmicos e muito mais. Sua capacidade em transformar uma história ou um *briefing* em um texto leve e gostoso de ler é impressionantemente fora da curva.

Como vocês poderão acompanhar ao longo da obra, Wanderley escreve textos para o **Canal Nando Pinheiro** desde 2017. Nesse período, creio ter escrito mais de 800 textos. Nos bastidores, atrás das letras e dos verbos, com certeza prestou uma enorme colaboração para o crescimento do Canal e principalmente para a construção de autoridade de um Canal que é reconhecido como um dos maiores canais de motivação em português no mundo.

Nesta obra, Wanderley conta a história das pessoas envolvidas nesse Canal: Nando Pinheiro, Lucas Andreli e Daniel Zaboto, além da dele próprio. Mas não é apenas uma história para sanar a curiosidade alheia. Em meio aos personagens, a cada encontro e parcerias, a cada trajetória de erros e acertos, fracassos e vitórias, o leitor será acometido de princípios que regem a vida e a carreira de pessoas de sucesso. A história de cada um traz consigo boas e sérias lições práticas. Não uma simples metodologia de fórmulas prontas e pseudo mágicas, mas princípios atemporais para serem aplicados à vida prática do querido leitor.

Claro que não posso deixar de citar o personagem principal, que leva o nome do livro e do Canal e, consequentemente, acaba sendo o pêndulo que faz esse projeto ser real hoje: Nando Pinheiro. Eu o conheci pessoalmente em março de 2015. Ele me convidou para dar uma palestra em um curso de locução publicitária que ele realizaria em Teixeira de Freitas, na Bahia. Vi na essência do Nando um cara inquieto, incomodado, hiperativo. Ele nunca está parado, mesmo sentado mantém as pernas em movimento num balanço às vezes frenético, que chega a irritar (risos). Dentro dessa inquietude, está um empreendedor nato, que começou cedo a vida em todas as vertentes e já fez de tudo para o sustento de sua família. Foi, porém, no rádio e na voz que ele encontrou o seu norte, sua libido, sua força de agir. E desde 1998, com a voz, Nando ganhou a vida, seja gravando para o varejo ou TVs Nacionais. No curso da obra, o leitor vai entender como foram acontecendo as viradas de chave, os encontros com dom e propósito, legado e missão de um cara que se tornou reconhecido nacionalmente como um dos maiores motivadores do Brasil ou, como dizem, A Voz da Motivação.

Mas sobre o motivador Nando, o autor já conta detalhadamente no livro, ainda recheado de princípios para o leitor tirar lições valiosas. Quero falar sobre o *Nando Humano* (ou o Nando *"o mano"* - risos). Esse é um cara que, na sua essência, compartilha, se doa, se entrega por inteiro. Por mais durão que aparente ser, com toda sua panca de *bad boy*, ele é um chorão de coração mole, de mão aberta, que é capaz de deixar de comer para servir o próximo. Para exemplificar, costumo observar que é dentro do seu reduto que o leão mostra sua face. Eu já vi seres humanos superbonzinhos que, em suas casas, se transformam ou se revelam pessoas duras e arrogantes, porque de acordo com a psicanálise, dentro do seu território o animal mostra suas garras. E, nesse quesito, o Nando deixa "escapar" sua essência, em "seu território", Nando se transforma, o cara fica incomodado, preocupado em agradar, em servir, em compartilhar, em doar, em fazer com que aquele pequeno momento seja o mais agradável possível. A essência do Nando é amor e acolhimento. Com certeza o Canal, as palestras e tudo que o Nando faz na vida, deixa exalar sua essência de serviço e compartilhamento.

Além das histórias e princípios que serão compartilhados nesta obra, o caro leitor tem em mãos um verdadeiro manual de autoterapia, de automotivação, auto-hipnose, psicologia positiva e muito mais. Wanderley da Silva separou a dedo algumas dezenas de textos que foram publicados no Canal na voz do Nando Pinheiro, para o leitor ler, estudar, se motivar, se inspirar e refletir. Os textos não seguem uma ordem cronogramática, de modo que você tem em mãos um livro para deixar na cabeceira da cama e para ler todos os dias, seja pela manhã ou ao anoitecer. Dentro dos princípios sabiamente ensinados no livro, ficará implícito nas suas linhas — e destacado no coração dos leitores — o poder da força em conjunto, o poder do cordel de muitas linhas que, quando separadas quebram facilmente, porém unidas, são inquebráveis. Como disse Senna, nesta obra fecha-se de uma forma vitoriosa o trabalho de um grupo enorme de pessoas. Boa leitura.

Daniel Zaboto

https://www.instagram.com/danielzaboto/

A Equipe

Qualquer construção carece de base. Qualquer base precisa servir ao seu objetivo: suportar o peso que terá que sustentar. Por isso, entendemos ser de primária importância tornar conhecida a base que sustenta o **Canal Nando Pinheiro**. Como esse é um canal motivacional, obrigatoriamente as vidas dessas pessoas precisam ser motivadoras. E são, do contrário não valeriam a pena constar aqui a biografia e as qualificações de cada um. Vamos tornar o mais claro possível o relato sobre o desenvolvimento de todos os envolvidos. Cabe ao leitor, porém, captar com atenção os ricos detalhes.

Observe, por exemplo, a diferença gritante na personalidade e formação de cada um dos componentes do grupo. Mas depois perceba as coisas em comum. Note a vontade que sempre gerou a força que precisavam a cada momento difícil de suas vidas. Preste atenção à maneira positiva com que sempre encararam as dificuldades. Vibre com eles a cada vitória e sinta a sua reação forte e determinada a cada tropeço. Sobretudo, procure trazer à tona a qualidade predominante em cada um de seus corações. Temos certeza de que gostará muito de sentir o amor que sempre foi a principal força motivadora em cada um deles.

Perceba que essa união que fez deles essa equipe fantástica não teve sua origem no sistema comercial, religioso ou político. O interesse comum foi — e continua sendo: usar os seus dons naturais, a experiência e a sabedoria adquiridos ao longo dos anos para o bem das pessoas. Sua maior recompensa tem sido ler — muitas vezes, com lágrimas nos olhos — os agradecimentos de tantos que puderam superar suas dificuldades emocionais com a ajuda do canal. Por isso, permita-nos fazer agora as devidas apresentações. Temos certeza de que gostará de conhecer mais intimamente as pessoas interessadas em seu bem-estar emocional, a equipe do **Canal Nando Pinheiro**.

A Voz da Motivação

Eu escrevo desde a quarta série escolar, quando minha amável professora descobriu em mim a alma do poeta. Tenho espalhado meus trabalhos desde então nas mais variadas formas, desde livros e revistas a programas de autoajuda, tanto impressos como digitais. Sempre levei muito a sério esse maravilhoso trabalho, tendo consciência da sua capacidade de penetração na alma do leitor. Mas transformar os meus escritos em áudios ou mesmo vídeos nunca foi antes cogitado até tomar conhecimento do trabalho da **Voz da Motivação**. Encantei-me com alguns resultados. Fiquei deslumbrado ante outros. Em alguns casos, não reconheci a minha própria autoria. Foi maravilhoso e é recompensador receber os agradecimentos de tantos. Em alguns casos — até parece exagero — agradecendo a salvação da própria vida ou a arrancada da depressão. É... Essa parceria pode ser chamada de uma parceria que deu certo. Ou uma parceria que dá vida.

Wanderley da Silva

Nando Pinheiro

Nando Pinheiro parece ter nascido de uma reação à impossibilidade. Parece que reagir e superar já marcou a sua existência mesmo antes do nascimento. A jovem Maria de Lourdes Pinheiro, que se tornou sua mãe com cerca de 20 anos de idade foi abandonada pelo pai da criança quando ele soube da gravidez. Não apenas a abandonou, mas foi ríspido e até violento o suficiente para necessitar a interferência da família. O resultado foi que a criança jamais conheceu o pai. A pressão sobre a mãe não foi nada pequena, uma vez que, na época, a mãe solteira ainda era estigmatizada. Naturalmente, a gravidez turbulenta careceu da superação de ambos.

A criança nasceu saudável, mas com icterícia, necessitando de banhos de luz. Sua mãe tinha um parente cego e, quando ela viu o bebê de olhos tampados, sofreu um choque, entendendo que ele havia nascido cego. Sentiu-se mal com o tamanho impacto. Acabou com sérios problemas emocionais e mentais. A avó materna do recém-nascido, Maria Rorlanda dos Santos Novaes, a Dona Landa, assumiu os necessários cuidados com a ajuda de seu segundo marido, Edivaldo Pereira Novaes, que nem era o avô biológico.

Por volta dos nove meses de idade, quando aprendia a falar, o bebê estava em um trem com os avós com destino a casa em Franco da Rocha quando, pela primeira vez, chamou o avô de "pai". Daí ele começou com esse "papai" para cá e "papai" para lá e não parou mais. Isso tocou o senhor Edvaldo. Ele decidiu que, já que a criança o chamava de "pai", ele o seria de verdade.

Após um bom tempo de tratamento, sua mãe se recuperou. A decisão dela, porém, foi de deixar a criança com seus pais, já que eles o criaram até então. Ela tornou-se sua irmã mais velha. O garoto só veio a conhecer a verdade aos 7 anos de idade, quando seus pais entenderam que era hora de lhe contarem. Ele sentiu um bom choque, foi uma boa balançada emocional, mas nada que lhe causasse um mau sentimento.

Nando desenvolveu-se em um garoto alegre, sempre contente, com poder de superação em todos os aspectos. Até hoje a sua mãe biológica é carinhosamente chamada por ele de "Nega", e ela também o chama de "Nego". A sempre chamada de mãe é a sua avó, a Dona Landa. Todo esse desenrolar dos acontecimentos mostrou-lhe cedo que motivação deve ser um ingrediente de toda receita, uma coisa de todo dia. Ele cresceu acreditando que seria grande um dia e faria coisas maravilhosas. Nunca se satisfez com as condições do momento, mas sempre achava que poderia fazer mais e melhor, que poderia superar sempre.

Ainda em tenra idade, no início dos anos 1990, foi hipnotizado pela Fórmula 1. A figura de Ayrton Senna, com aquela garra, aquela motivação, aquele foco, o deixava extasiado. Aos 12 anos de idade, a sala onde dormia já era forrada de pôsteres do campeão. Admirava muito sua vontade, sua disciplina. Na época, moravam no Guarujá, onde seu pai era zelador de um prédio e sua mãe era empregada doméstica. Ele via o Senna como um grande mentor, alguém que queria imitar. Em 1994, aconteceu o acidente fatídico. Nando Pinheiro assistia à corrida quando o corredor morreu. Passou muito mal, chegando a ir parar no hospital. Infelizmente, são os contratempos da vida, o que faz crescer e florescer cada vez mais a capacidade de superação que caminha ao lado dos campeões, criando a fibra que modela os vencedores.

Aos 17 anos, ele foi acertado por aquela flechada de que ser humano algum consegue escapar. Conheceu a jovem nissei Luciane Oishi, de apenas 16 anos de idade. O resultado foi que meses depois nasceu a linda Vitória Yumi. Certamente, dessa vez o impacto não foi para brincadeira, foi para balançar qualquer gigante. Acordar de repente e se ver casado e pai de uma filha para criar foi desesperador. A escolha era dramática: lutar para criar a criança ou sumir, desaparecer, como seu pai biológico fizera. Não! Nando Pinheiro não era pessoa de desistência. Conhecia a sua própria história. Não imitaria aquele erro, fruto da incompetência humana. Ele simplesmente não poderia fazer isso. Decidiu se empenhar na árdua tarefa de fazer aquele menino se transformar no homem que precisava ser.

Foi morar com a esposa em um puxadinho atrás da casa de seu sogro. Olha só, agora já tinha esposa e uma casa para cuidar. Estava bem perto de ser mesmo um homem. Algum tempo depois seu tio Paulinho Pinheiro veio do Rio Grande do Sul e foi lhe fazer uma visita com seu pai. Brincalhão como era, ao ver uma rádio bem ali pertinho, zoou com o sobrinho: "Ô, Fernando, por que é que você não vai fazer rádio? Agora você é pai e tem que trabalhar, ora. Você é Pinheiro, e Pinheiro sabe falar, é comunicativo". Na época, ele trabalhava com fotografia de casamentos para a loja de seu sogro. Não se conhece a explicação, mas o que aconteceu foi que aquelas palavras tocaram tão fundo no jovem que parece tê-lo hipnotizado. Ele se meteu a falar com o dono da rádio.

O resultado foi que o homem foi vencido pela canseira e, de tanta perturbação que se desenvolveu, resolveu lhe dar um "bom" horário para um teste: da meia-noite às 6 horas da manhã de segunda-feira. Certamente haveria uma boa audiência em um horário desses. Mas a oportunidade estava aberta ali, naquela rádio pirata. Já na primeira noite de trabalho, deixaram-no sozinho com todo aquele equipamento para cuidar. Na verdade ele não estava sozinho, pois o seu fiel pai estava ali para encorajá-lo e fazer companhia.

O rapaz se dedicou a um treinamento intensivo, buscando o aprimoramento. Foi aí que se descobriu apaixonado pela comunicação. Logo partiu para o lado da locução publicitária.

Em 1999, passou a lidar com os computadores e os *softwares* de gravação. Trabalhou na rádio Planet e na rádio Jovem Ritz. Foi quando aprendeu a editar áudios com o Serginho Ricardo. Daí passou a "comer" edição de áudios. Não tinha clientes, mas repetia tudo até seis horas por dia. Dominou a arte da edição e se tornou um grande produtor de áudios.

Em 2000, ocorreu algo curioso. Por meio do *ICQ*, um programa de conversas instantâneas, ele encontrou um locutor chamado Áureo Lopes de Souza com uma bandeirinha do Japão ao lado. Simplesmente intrigante. Como um brasileiro poderia estar fazendo rádio no Japão? Fez logo contato com ele e entendeu que havia mais de 300 mil brasileiros no arquipélago sedentos por ouvir algo em seu próprio idioma. Áureo era locutor da Alfasat, uma rádio brasileira em pleno Japão. Funcionava como a Sky aqui no Brasil, e a pessoa pagava uma taxa mensal pelo aparelho.

O bom da história foi que o Nando ficou sabendo que um locutor estava de saída e havia uma oportunidade para ele. Gravou rapidamente uma vinheta já falando da Alfasat e enviou. Dias depois, a surpresa: deveria estar no Japão em um mês. Eles lhe pagariam a passagem, mas não a da sua esposa. E a pior pancada é que não poderia levar a filha de cerca de 5 anos. Foi contundente. Um mês apenas para levantar 5 mil reais e tomar uma das decisões mais sérias da sua vida. Mas enfrentar desafios era coisa a que já estava acostumado. Enfrentou gravando comerciais, venda direta para as rádios, porta de loja ou qualquer coisa que rendesse dinheiro. A necessidade fez produzir a oportunidade. Chegou ao Japão no dia 22 de fevereiro de 2002, bem no meio de um tenebroso inverno.

De repente, lá estava o Nando Pinheiro do outro lado do mundo, cego, surdo, mudo e analfabeto. É isso, pois naquele país nem as placas pode um brasileiro enxergar direito. Vê, mas nada enxerga. Foram cinco longos anos no Japão "comendo" rádio, interpretação, locução, edição e tudo o mais relativo. Foi uma fantástica faculdade! Com o tempo, trabalhou na grande Transamérica Internacional. Teve o privilégio de ser o primeiro locutor brasileiro a falar em uma rádio brasileira para um público brasileiro no Japão. Depois, trabalhou na IPCTV, que era a Record Internacional. Teve o privilégio de narrar jogos da Seleção Brasileira de Futebol por ocasião da Copa do Mundo de 2002 naquele país. Fez também um programa de televisão chamado *Seu Lance*, algo do tipo leilão. Criou a Rádio Fênix junto com o Carlos Zaha, uma das primeiras em *streaming*, pela internet. Interessante é que aí o Áureo foi trabalhar com ele, assim como o Cristiano Miyagi, outro brasileiro das comunicações no Japão.

Em 2006, nasceu Henry Daito, seu segundo filho. Aí começou a bater aquela vontade imensa de voltar ao Brasil. Não dava mais para permanecer do outro lado do mundo. Foi quando fez um investimento dos mais ousados da sua vida. Todo o dinheiro que havia acumulado em todos os anos de trabalho no exterior aplicou em equipamentos de áudio. Estava determinado a montar a sua própria produtora. No mesmo ano, criou o seu primeiro canal do *YouTube*, sendo um dos primeiros a lançar um vídeo na plataforma. A ideia original era ajudar companheiros locutores a gravar, a mostrar seu trabalho, locução, dicção, quais os melhores equipamentos para gravar, etc. Aí percebeu que a plataforma era um excelente meio de aparecer. Sempre sonhara com a televisão e agora ela estava ali, à sua disposição, precisando apenas criar o seu programa.

No dia 22 de fevereiro de 2007, pisou novamente em terras brasileiras. Foi passar uns tempos com os pais em Tupi Paulista. Montou seu estúdio em casa e começou a gravar para empresas e emissoras de rádio. Logo seu nome começou a aparecer como locutor. Em 2009, foi para o Guarujá e montou sua própria produtora de áudios, a Audiofive Produções. Em 2014, foi para

Santos e comprou seu primeiro apartamento. Fez de tudo que se possa imaginar em matéria de áudio, até campanha política, mas conseguiu as realizações básicas da vida.

Mas aquela vontade de crescer ainda mais pulsava no seu peito. Sobrava tempo e, de natureza inquieta como é, não suportava a ociosidade. Queria fazer alguma coisa que pudesse ajudar outras pessoas de alguma forma. Foi aí que lançou o seu primeiro vídeo "Deus quer falar com você". Continuou com algum trabalho nessa linha até que, em junho de 2014, lançou "Nascidos antes de 1986", focando nostalgia e lembranças da infância. O vídeo estourou no *Facebook,* alcançando mais de 30 milhões de visualizações e mais de 1 milhão de compartilhamentos. Isso fez o rapaz sentir o gostinho e perceber que era algo que dava certo. Confirmou isso com o lançamento de "Toda mulher precisa de carinho", que acabou repetindo o sucesso. Seguiu tateando por esse caminho até 2016, quando lhe aconteceu algo maravilhoso: nasceu sua terceira filha, Hikari, garota espontânea e muito alegre, de personalidade bem parecida com a do pai.

Nesse tempo, já havia começado a acontecer o que o Nando Pinheiro chama de *uma costura muito bem costurada por algum excelente costureiro.* Começaram os encontros dos que formaram a equipe do que é hoje um dos maiores canais motivacionais do mundo. O leitor vai conhecer essa envolvente história na segunda parte desta obra. Mas, por enquanto, nos limitamos a trazer ao conhecimento dos fãs um pouco da história dessa rica figura. A própria expressão da motivação. Uma história que, por si só, já é uma boa carga de grande força. A verdade firmemente estabelecida que todo ser humano é dotado de uma força descomunal que a tudo pode vencer. Ele só precisa descobrir e cultivar essa força. É por isso que, de modo incansável, essa equipe trabalha. Ficamos felizes de que agora o leitor a possa conhecê-la melhor. A começar pelo grande Nando Pinheiro, A Voz da Motivação.

O Senhor das Edições

Eu gosto muito de lembrar a interdependência existente nas coisas naturais. Gosto também da ideia de que "sozinho não sou ninguém". Como gosto muito das letras, posso ler horas a fio e sentir o sabor das ideias fluindo naturalmente. Em nossos dias, porém, as imagens predominam. Para alguém assistir a um vídeo, por melhor que seja, é necessário que haja qualidade bastante para fazer-lhe prender a atenção. Daí a importância do que se vê. E como é prazeroso ver um trabalho nosso ser enriquecido por quem sabe trabalhar com as imagens! Se tem alguém que sabe fazer isso muito bem, esse é Lucas Andreli. Até o momento desta escrita ainda não tive o prazer de apertar-lhe a mão. É isso, nunca nos vimos pessoalmente até agora, mas já fizemos história juntos. Imagino que ele tenha mostrado grande profissionalismo até mesmo na adaptação ao meu trabalho. Acontece que sempre estive acostumado apenas à escrita, de modo que meus textos sempre foram mais profundos, pois tinha que alcançar a atenção e reflexão apenas com eles. Mas esse garoto tem mostrado essa capacidade de adaptação e enriquecido nosso trabalho levando a esse excelente resultado. No trabalho não há nada de garoto; ele é o senhor das edições.

Lucas Andreli

Garoto sonhador, carregado de fantasias inusitadas e quem sabe até muito loucas. Como não é anormal para os de pouca idade, ele também não sabia bem o que queria ser um dia. Ora seria jogador de futebol, ora policial federal, e ainda outras vezes técnico de TI. Mas com ele não foi diferente. A gente sonha, a vida planeja e o tempo se encarrega de executar. Hoje ainda tem pouca idade, nasceu em março de 1991. Mas não contava ainda com a onda do *YouTube*, *Facebook* ou *WhatsApp*. Gastava mesmo o tempo batendo sua bolinha e em outros folguedos até tarde da noite.

Essa felicidade por si só talvez bastasse ao alegre garoto, mas a vida tem que aprontar das suas. Aos 15 anos de idade, caiu em profunda depressão. Seu mundo ruiu e se transformou em apenas uma sombra de tristeza e medo. Todas as brincadeiras, conversas e apoio de psicólogos de nada adiantavam. Os amigos continuavam a se esbaldar lá fora, mas ele jazia sem rumo, sem ambição, sem metas, sem vontade alguma. Não sabia o que queria. Não queria nada.

Enquanto parentes queriam interná-lo para tratamento, sua mãe relutava. Foi uma ajuda fundamental nessa fase difícil. Certo dia, sentados em seu salão de beleza enquanto juntos choravam, ela lhe perguntou o que queria que Deus lhe fizesse. Sem pestanejar, ele respondeu que queria ser curado. Então ela colocou-lhe uma Bíblia nas mãos e pediu que ele lesse. Curiosamente, ele destacou apenas três palavras: "Não tenhais medo". Foi a sua primeira injeção de motivação. Percebeu que o medo não o livraria da morte, mas lhe tirava a vida. Aquelas palavras se tornaram a sua força contra todos os males. Ainda hoje as repete e promete jamais esquecê-las.

Daí em diante, a sua vida passou a tomar um novo rumo. Agora já tinha um rumo. Ele precisava seguir, precisava viver. A superação passou a ser uma constante. Sabia que tinha um longo caminho a percorrer e queria vencê-lo. Queria sagrar-se vitorioso em todas as batalhas e passou a lutar com força e vontade. As conquistas passaram a soar como desafios, e o enfrentamento se tornou normal em sua vida. Começou a trabalhar em uma grande cadeia de lojas como menor aprendiz. Foi vencendo a timidez, ganhando conhecimento, crescendo em experiência.

A empresa tinha um setor de treinamento para vendedores usado pelos coordenadores para treinar o seu pessoal. O programa era motivacional e usava *slides*, vídeos e outras ferramentas de estudos e práticas. Não demorou e Lucas começou a colocar os seus sentimentos otimistas no papel. Nos intervalos para o almoço ou para o café, estava sempre escrevendo seus textos motivacionais. Tinha um desejo imenso de ajudar as pessoas. Preparava os textos e enviava a outras filiais pelo *e-mail* interno. Desse modo, muitos colegas — dos quais a maioria nem lhe era conhecida — eram motivados pelo seu trabalho voluntário das horas vagas. Qualquer *feedback* que acontecia muito o animava.

Ao completar a maioridade, foi efetivado e passou a assumir a responsabilidade de auxiliar de escritório. Como seu ganho era apenas para si, economizava alguma parcela, mas aplicava a maior parte em material de informática. Agora ele sabia muito bem o que queria: dominar essa arte e crescer a ponto de fazer bonito com suas realizações. E motivação era o que não faltava. O garoto conseguira vencer uma forte depressão, o que lhe ensinou a lição de que o ser humano possui a capacidade de superação, a capacidade de ser o que quer ser. Precisa é querer e provar que quer pelo empenho e dedicação. Assim, ele se empenhou e se dedicou de fato.

Quando alguém de responsabilidade na empresa notou sua já aparente habilidade com a informática, perguntou se ele sabia editar. Sem pensar duas vezes, ele respondeu que sim. Aí foi responsabilizado por um trabalho com certo tempo para a execução. E agora? Ele jamais tocara em um programa de edição! Seria pirado o garoto? Ou ousado mesmo? Ele queria de fato aprender tudo que pudesse sobre informática, queria dominar essa arte fantástica. Mas assumir a responsabilidade sem o devido conhecimento parecia loucura. O que se seguiu foi que ele respirou, comeu e bebeu um programa de edição nas próximas duas semanas após o horário de trabalho sem interrupção ou descanso.

A encomenda era de um vídeo no estilo "Arquivo Confidencial" e tinha por objetivo homenagear alguns vendedores. Era motivacional, sem locução, apenas aparecendo as frases na tela e as imagens ao fundo. Bem, ele entregou o vídeo no tempo marcado. Prestou para alguma coisa? O resultado foi que conseguiu levar às lágrimas 32 colaboradores. Foi o bastante para que ele percebesse que poderia esticar essa motivação para muito além das fronteiras da sua empresa. Assim resolveu criar o seu canal no *YouTube.*

Naturalmente, não ganhava um centavo sequer com um minúsculo canal. Não havia ainda grandes ou conhecidos canais exclusivos de motivação. Mas a sua dedicação o aperfeiçoava a cada dia. Não saía da frente do computador. Era o caminho para a conquista do seu objetivo, não era? Aí a pressão começou. Pai, mãe e amigos já o achavam um viciado, um *nerd*. Passou a ouvir o tempo todo que aquilo não dava em nada, que não dava futuro e por aí afora. Mas ele dava de ombros e seguia concentrado, trabalhava, estudava programas de edição e não se cansava.

Chegou o ponto em que o Lucas começou a achar a empresa pequena para ele. Foi quando seu gerente lhe conseguiu uma boa promoção para a área de TI. Amargo enfrentamento de uma difícil decisão. Para aceitar, ele teria que deixar sua cidade, Juiz de Fora, em Minas Gerais, e seguir para o Rio de Janeiro. Em meio a esse impasse a vida decidiu novamente. A empresa estava em fase de transição e o setor de TI acabou sendo terceirizado. O rapaz perdeu a promoção, mas continuou na conquista de seu objetivo.

Continuou postando os vídeos no canal e regozijou-se quando atingiu mil inscritos. Também continuou a rodar os vídeos na empresa para os vendedores todos os sábados antes de abrir a loja. Foi quando aconteceu a maior mudança da sua vida. Ele sabia que oportunidade é como flecha lançada, não volta jamais. Quando apareceu ele soube aproveitar. Depois de sete anos na empresa, não hesitou em pedir demissão. Entregou-se completamente ao que mais queria, acreditando que poderia até demorar um pouco, mas venceria. E venceu.

De início, precisou suportar e vencer as objeções. Se, por um lado, as coisas estavam dando certo, por outro o dinheiro não aparecia. Os envolvidos estavam felizes com os resultados alcançados, mas os familiares não entendiam a loucura. Deixar um emprego promissor e passar o tempo "brincando" de produzir vídeos lhes parecia falta de juízo. Era bombardeio de todos os lados incentivando a procurar trabalho, espalhar currículos e sair da frente do computador. Mas o rapaz foi teimoso o bastante. Havia trabalhado nisso durante anos, estudado todos aqueles programas, feito de tudo para aprimorar, se esforçado tanto em criar novas trilhas, imagens, introduções... Não! Não seria agora que desistiria.

Ainda bem que não desistiu. Mas a sequência da história o leitor conhecerá na segunda parte do livro. Aqui, apresentamos apenas esse membro valioso da equipe, às vezes chamado de garoto prodígio. Ele venceu. É hoje um dos diretores de uma empresa de produção de vídeos, além de atuar como produtor, roteirista, editor e motivador. Ele fez. Ele acreditou. Fez vista grossa à impossibilidade. Acreditou que podia e tornou o sonho uma realidade. Não se deixou abater pela negatividade de tantos. Hoje usa sua positividade para ajudar a tantos por meio do maior canal motivacional do país. Ele é Lucas Andreli, o senhor das edições.

O Mentor da Engrenagem

Eu estava procurando um profissional que colocasse música em algumas de minhas letras. Um amigo que gostava muito das minhas composições me falou de um colega de trabalho que conhecia bem do assunto. Colocou-nos em contato e assim eu conheci o Daniel Zaboto. Garoto sem nenhuma graça, fanático religioso que, por esse motivo, nem terminou direito o trabalho que a ele confiei. Como diz o dito popular que *até as pedras se encontram*, algum tempo depois o Áureo, (aquele mesmo que levou o Nando para o Japão e então trabalhava comigo) voltou de uma viagem dizendo que havia conhecido um camarada que não era grande coisa, mas parecia ter um bom potencial. Quando o tal rapaz precisou dos meus serviços, confirmei ser o mesmo que já conhecia. A história é longa, mas lá se vão mais de dez anos de uma parceria de sucesso. Nós nos separamos e nos reencontramos várias vezes, trabalhando juntos sem nunca estarmos juntos. Testemunhei o crescimento fantástico desse gigante da comunicação e do *marketing*. Na história do Canal, tem sido o mentor da engrenagem.

Wanderley da Silva

Daniel Zaboto

Daniel Zaboto apareceu pelo mundo em maio de 1978, na cidade de São Paulo. Cresceu sem maiores ou mirabolantes histórias, mas sempre com a ideia de ser grande um dia. Desde cedo, mostrou desenvoltura e facilidade em comunicação. Quando surgiu a necessidade de fazer um comercial para uma gincana que haveria na escola, ele logo se colocou à disposição. Era um comercial de bombeta. Quando procuraram um voluntário, ele se levantou e disse: "Pode deixar que eu faço o comercial porque eu não tenho medo de falar em público". Essa afirmação saiu das suas entranhas, como algo bem natural. Ele sempre se achou meio petulante, meio ousado. Foi lá e fez o comercial com o texto que o professor havia criado e todo mundo aplaudiu.

Foi meio apressado com o casamento, o que fez aos 18 anos de idade. Como se não bastasse a adaptação à nova vida, enfrentou uma mudança para o outro lado do mundo logo depois. Foi para o Japão e, assim como tantos, chegou cego, surdo, mudo e analfabeto. Como era praticante de religião, estava sempre envolvido em atividades de comunicação. Estava sempre falando em público, fazendo palestras ou envolvido com música, que também faz parte da sua vida. Toca piano, violão e contrabaixo. Permaneceu no arquipélago por 18 anos. Lá nasceram e cresceram suas duas filhas e seu filho.

Daniel considera um imenso privilégio ter tido essa oportunidade, viver por tanto tempo na Terra do Sol Nascente. Adquiriu profundo respeito, gratidão e admiração pelo país. Acredita que os costumes e as tradições nipônicas incutiram em seu DNA o *KAIZEN*, ou seja, a busca pela melhoria continuada. Também o ajudou a desenvolver uma mentalidade expandida e avançada, o que ainda contribui muito em seus treinamentos e palestras.

Foi lá que ele cresceu como pessoa e descobriu o que a vida pode dar. De natureza irrequieta, não é muito de fazer as coisas simplesmente por fazer. Não que desconsidere a prática, mas acredita que a teoria vem primeiro. De modo que se entregou a estudar, aprender e desenvolver tudo que pudesse na arte da conversação. Fez diversos cursos, inclusive tem formação em teologia. Mas o que lhe foi de grande valia foi o fato de ter aprendido com os gigantes da comunicação, os mestres da arte, além de ler tudo que tenha sido possível sobre o assunto.

Toda essa experiência fez crescer o que já tinha de berço, praticamente. Além da tendência natural em trabalhar bem com as palavras, o fato de ter crescido fazendo parte de uma entidade religiosa o auxiliou. Embora tenha entendido com o tempo que não era a expressão da verdade que ele acreditou ser, serviu-lhe de grande ajuda na arte da comunicação. Acostumou-se a falar em público desde cedo. Proferia palestras sobre temas diferentes a cada semana. Outras vezes, tinha que abordar o mesmo tema para pessoas diferentes ou para um público mesclado. Isso o ajudou a desenvolver a arte da abordagem e aplicação de matérias e assuntos diversos. Totalizou mais de mil horas de palco ainda com pouca idade.

Durante todo esse tempo de intenso aprendizado, amargou a rotina das fábricas. Certamente sequer parecia com seus almejos, mas era o que podia fazer na ocasião, dadas as circunstâncias. Mas nunca pensou que a vida seria apenas aquilo. Sabia que superaria e ainda cresceria muito. Era dado a enfrentar desafios e não temia fracassos, nem tinha vergonha alguma de arriscar e perder.

É muito comum no Japão, assim como em outros países, o uso do *free paper*, uma revista ou pequenos catálogos de distribuição gratuita financiado por publicidade. Havia algumas revistas de boa circulação em português. No início de 2007, eu tinha uma editora e publicava revistas em português e espanhol. O trabalho principal era a edição da revista Radiomáxima, de propriedade do Áureo. Estava em meus planos iniciar o lançamento de livros e publicar a minha própria revista, mas titubeava um pouco ante alguns empecilhos. Foi quando o Áureo, voltando de uma viagem, mostrou-me um encarte publicitário e me falou do editor, o Daniel Zaboto. Ele estava começando a imprimir aquele encarte e dizia que seria ainda uma revista. Achei até engraçado, mas não pude deixar de notar os auspícios do rapaz, algo que muito admiro.

Daniel havia fundado a Imagem Publicidade em novembro de 2007 e publicou o simples encarte por três meses. Em fevereiro de 2008, colocou o nome na parte superior do que chamou de capa — *Akitem*. Ele amargava a dificuldade de vender a publicidade para um trabalho simples como aquele, de modo que se empenhou em melhorar pelo menos a aparência. E foi melhorando. Passou a tomar forma de revista cada vez mais bem-feita e com papel de ótima qualidade. Mas não tinha ainda nenhum conteúdo além de pequenos artigos informativos providos por parceiros ou amigos. Isso se arrastou por dois anos de muita luta, mas colhendo os frutos de um lento crescimento.

Muita coisa mudou nesse espaço de tempo, e o Áureo acabou indo trabalhar com o Daniel, associando-se à revista. Foi quando pediram a minha colaboração e, em março de 2010, a revista anunciou que traria a cada número uma crônica do meu livro "Lições que a vida ensina". O relacionamento foi se estreitando e não tardou a me envolver a ponto de me tornar o redator da revista, produzindo seus artigos na quase totalidade. Com uma publicação completa, o crescimento aconteceu mais rápido, chegando a ser uma das principais revistas de língua portuguesa no Japão, apontada como tendo o melhor conteúdo em suas 148 páginas. Foram cerca de cem edições em sete anos, tendo firmado parcerias com empresas de grande porte, tanto de brasileiros como de japoneses. Alcançou um faturamento de mais de 50 mil dólares por mês, um total de 12 funcionários, além de colaboradores indiretos e a tiragem de 30 mil exemplares.

Esse sucesso foi o suficiente para lançar o Daniel Zaboto no mundo das comunicações. Passou a apresentar eventos, ministrar cursos de comunicação e oratória, cursos de *marketing* multinível, tanto abertos como fechados para empresas. Todo esse trabalho gerou grande prestígio, levando a convites ilustres e a novas oportunidades.

Infelizmente, o Japão foi um dos países mais afetados pela crise financeira mundial. Juntando a isso as grandes catástrofes naturais, a situação ficou difícil para os estrangeiros que lá residiam. O trabalho que fui fazer chegou ao fim, de modo que retornei ao Brasil, mas continuei prestando assessoria à revista. Áureo também retornou, mas Daniel perseverou com a agência, embora procurasse rumar por novos caminhos. No final de 2013, ele se tornou diretor internacional de *marketing* de uma empresa de *marketing* multinível sediada em Hong Kong. No espaço de 12 meses, visitou 14 países ministrando palestras e conferências, aplicando treinamentos para equipes de vendas e desenvolvendo equipes e colaboradores, bem como parcerias e grandes negócios. Mas, como nenhum gigante está imune a quedas, os contratempos chegaram para ele também.

Em novembro de 2014, seus negócios despencaram de vez. Foram muitas coisas ao mesmo tempo, o que lhe causou grande desgaste financeiro, emocional e psicológico, chegando a afetar até a estrutura familiar. Em dezembro do mesmo ano, foi obrigado a retornar ao Brasil enfrentando o que classifica como a maior crise da sua vida. Mas a superação e a certeza do sucesso ainda faziam parte do seu DNA. Sempre acreditou que, pior do que a queda é permanecer caído. Tratou de se reerguer de alguma forma e foi então que aconteceu.

Novamente apareceu o Áureo Lopes, que o apresentou a um antigo amigo, que não era outro senão o Nando Pinheiro. Em março de 2015, Nando os convidou para um treinamento de locução publicitária que ele faria em Teixeira de Freitas, na Bahia. Daniel fez uma pequena participação, mas foi o suficiente para dar início a uma parceria em alguns trabalhos publicitários e de *marketing*. Em uma visita ao novo parceiro em Curitiba, Nando comentou sobre sua insatisfação em falar somente a locutores durante anos em seus treinamentos. Ele queria alcançar um público mais amplo, com algum conteúdo mais abrangente, que fosse de utilidade aos outros. Ele já havia feito alguma tentativa no *Facebook* e gostado do resultado, mas eram vídeos sem sua identidade. Foi quando foi lançado o vídeo "Toda mulher precisa de carinho", que o sucesso chegou para Nando Pinheiro.

O sucesso foi tal que o número de seguidores no *Facebook* saltou de 30 mil para 180 mil em questão de dias e para 400 mil em alguns meses. Aí notaram que o público tinha carência de motivação. Foi quando Daniel começou a colocar a visão do *marketing* no trabalho que até então era produzido. Nando trabalhava com um canal chamado Audiofive, visando os locutores. Começaram a postar vídeos de cunho motivacional nesse canal. Mas como os seguidores do Nando no *Facebook* o encontrariam no *YouTube*? Daniel ligou para Nando em janeiro de 2016 e lhe deu uma simples sugestão. Ninguém poderia imaginar, na época, a extensão do impacto dessa ideia. Por que não aproveitar essa *branding* vinda do *Facebook* para direcionar os seguidores no *YouTube*? Assim nasceu o Canal Nando Pinheiro.

Foi nesse ponto que passou a acontecer a chamada *costura muito bem costurada por algum excelente costureiro.* Mas essa história continua na segunda parte do livro. O objetivo aqui é apresentar o gigante do *marketing*, o homem das grandes ideias e mentor da engrenagem que move um dos maiores canais motivacionais do mundo, o senhor Daniel Zaboto.

O Último Elo

Eu não tenho a excelente voz do admirável motivador Nando Pinheiro. Não chego perto do trabalho eficiente do que chamo muitas vezes de "rei do *marketing*", Daniel Zaboto. De natureza selvagem como sou, nem me arrisco muito com os computadores, como nosso grande editor Lucas Andreli. Mas o que o leitor talvez não saiba é que a criação da maioria dos textos que tão profundamente lhe tocou a alma é de minha autoria. Sim, eu faço a produção de textos para o Canal. O meu envolvimento com a equipe se deu quando estava passando pela complicada fase de readaptação ao meu país de origem, depois mais de 15 anos fora. Enfrentava a difícil decisão de aceitar ou não a excelente oferta de emprego de uma rede de televisão. A oferta era tentadora, mas me prenderia entre suas apertadas paredes. É exatamente o que não suporto. Posso trabalhar até 24 horas por dia — como já precisei fazer algumas vezes — mas preciso ser dono do meu tempo. Foi aí que Daniel me contatou. De início, entendi não ser bem a minha área de atuação, uma vez que sempre trabalhei com textos mais profundos e mais extensos, como artigos para revistas e livros inteiros. Fizemos um teste e daqui a pouco poderemos atingir a marca de mil textos postados. É por isso que, na história do Canal, eu me considero aquele que completou a corrente, o último elo.

Wanderley da Silva

Wanderley da Silva

Não é uma tarefa fácil falar do início da minha história. Venho de um povo de origem um tanto obscura, sem registros ou maiores informações. O certo é ser um povo de estirpe indígena que quase nada progrediu durante a passagem de muito tempo. Amantes da natureza, seus componentes permaneceram por longos anos agarrados à esperança de nunca ter que abandoná-la, o que certamente atrofiou o seu progresso. Lutas e dificuldades de todas as espécies imagináveis povoaram as suas vidas. De modo que nasci de um povo que sempre soube o que é enfrentar problemas e saltar obstáculos. Na verdade, aprendi bem cedo a não enxergar essas coisas, mas a tudo ver como desafios. E aprendi também a gostar dos desafios; a vida é feita deles e são eles que trazem as vitórias.

Passei a primeira infância nesse voo livre e natural nos vales que rodeiam a Serra da Canastra, em Minas Gerais. Por volta dos 7 anos de idade, em 1961, me mandaram para a escola em Passos, logo depois de ter chegado por lá. Meu contato com as letras gerou um forte amor à primeira vista. Na quarta série, minha professora descobriu em mim a alma do poeta. Passou a dar-me um bom suporte para um melhor aprendizado da língua pátria. Não tardou e eu já estava encantando com minhas poesias e criando minhas histórias.

Na época, era muito difícil para os mais pobres seguir estudando. Mas não tardou e eu me descobri autodidata. Ainda criança, fui com a família para o que é hoje o Mato Grosso do Sul (na época era apenas um estado, o Mato Grosso). Cresci em Três Lagoas, onde fiz contato mais direto com a cultura e desenvolvi maior habilidade. Jamais deixei de ler e acredito ter atingido a casa do milhão de páginas percorridas sobre os mais variados assuntos.

Escrever, para quem o faz, é como o ar que se respira. De modo que fui acumulando meus escritos através do tempo. Aos 20 anos, rumei para a capital de São Paulo, no intuito de me profissionalizar na música e literatura. Um grupo de bons garotos como Fábio Júnior, Sílvio Brito, Peninha, Neimar de Barros e outros estava se batendo para conseguir o seu lugar no meio artístico ou literário. Com alguns tive contato, com outros apenas trabalhamos paralelamente, como no caso de Paulo Coelho, que publicou seu primeiro livro com a mesma editora em que publiquei alguns trabalhos. Não foi fácil para ninguém vencer e conquistar o seu lugar. Mas no meu caso foi diferente. Decidi rumar por outro caminho.

Não foi devido à desistência ou por deixar de persistir pelo que queria; foi exatamente pelo que queria de fato. Meu maior desejo era ajudar as pessoas com minhas profundas reflexões. Percebi que, de modo geral, a maioria busca suas realizações de forma errada, não alcançando a felicidade almejada. Dois motivos mudaram a minha direção. Primeiro, fiquei indignado com o que até hoje chamo de sujeira e que permeia o meio artístico, além do descaso para com a educação e cultura no país. Depois, me dediquei a um serviço voluntário que muito melhor ajudava a conscientização das pessoas. Mas ler e escrever continuaram sendo o preenchimento de qualquer espaço de tempo livre.

O serviço voluntário que empreendi carece ler e estudar muito, uma vez que envolve ensino e treinamento. Trata muito de psicologia e relacionamento humano, de modo que adquiri uma larga experiência. Fiz todo tipo de trabalho possível para ganhar a vida, uma vez que nunca aceitei nenhuma ajuda financeira por qualquer feito espontâneo. Essa disposição levou-me a ser convidado para servir aos mais de 320 mil brasileiros no Japão que não tinham a que se apegar, além de uma apertada rotina de trabalho e muita pressão.

Em 1997, cheguei ao arquipélago japonês assim como os outros, cego, surdo, mudo e analfabeto. Lá, descobri um país em que educação e cultura têm primazia. O reconhecimento e a facilidade em trabalhar nesses campos me animaram novamente. Acabei por abrir a empresa Meta International, administradora de oito empresas diferentes. Entre estas estava a minha própria editora, por meio da qual passei a publicar livros e revistas em português e espanhol. Uma das revistas publicadas era a Radiomáxima, de propriedade do Áureo Lopes, revista que acompanhava a *web* rádio do mesmo nome. Publiquei também minhas próprias revistas e livros.

Primeiramente, lancei a revista Educativa, que acompanhava a escola infantil Recanto Criança Feliz que montei e dirigi durante cinco anos a pedido do prefeito da cidade em que morava. Depois, publiquei a revista Comunidade Cultural que acompanhava um programa educativo em apoio às escolas brasileiras. Esse programa chamou a atenção da mídia, tanto brasileira como japonesa, e acabou por me levar a tomar um café com o embaixador na Embaixada do Brasil em Tóquio, para receber os parabéns.

Algum tempo antes, Áureo havia me levado aquele encarte distribuído pelo Daniel e, devido a diversos fatores, agora eles trabalhavam juntos a uma boa distância. Foi quando me pediram a colaboração na revista e demos início a uma parceria que já dura alguns anos. O resultado foi um excelente trabalho em vários campos da comunicação, desde a página impressa até as palestras e cursos. Seguimos trabalhando separados, mas em parceria em diversos aspectos, até que precisamos rumar por caminhos diferentes.

O que eu fora fazer no Japão estava feito, de modo que precisava retornar ao Brasil. Como a minha principal atuação era aquele serviço voluntário, fui servir no início da Bacia Amazônica, no Mato Grosso. Fiquei praticamente isolado do mundo por algum tempo. Aproveitei para descansar um pouco a cabeça e colocar muitas novas ideias no lugar. Queria trazer para cá tudo o que havia executado no Oriente, mas não tardei em sentir novamente o peso das diferenças. Percebi que as coisas por aqui não mudaram muito com relação à cultura.

Três anos depois, desci para o Mato Grosso do Sul. Persisti em abrir a minha editora e publiquei o primeiro livro pós-retorno. Foi quando Áureo fez contato dizendo que Daniel estava à minha procura. Exatamente nesse ponto eu estudava a oferta de trabalho em uma rede de televisão. Não me entusiasmava nada a ideia de me prender. Atendi ao contato de Daniel e recebi a proposta de criar os textos para o Canal. Achei difícil de início, pois não era bem o que eu costumava fazer. Achei que não seria possível colocar em pouco espaço a profundidade do que estava acostumado a criar. Fizemos um teste e começamos uma nova etapa.

Parece que deu certo, pois — se já não ultrapassamos — estamos chegando ao redondo número de mil textos, entre os motivacionais e os institucionais e publicitários. Tem sido um trabalho árduo, chegamos a produzir até 99 textos em um mês. A recompensa, porém, tem sido grande. Muitos vídeos têm alcançado a casa dos milhões de visualizações. E é animador ver o bem que tem sido feito a tantos que nos agradecem direta ou indiretamente. O objetivo tem sido alcançado.

Paralelamente a esse trabalho continuamos publicando nossos livros. Estamos agora com uma fila em fase de acabamento e logo o leitor poderá se deleitar com suas boas mensagens. Resolvemos lançar primeiro este livro por dois motivos básicos. Primeiro, atendendo a inúmeros pedidos repetidos a Nando e Daniel em suas palestras ministradas país afora. Depois, muitos gostam ainda de levar para a cama o seu antigo amigo de cabeceira, o bom livro. Isso torna possível refletir, ir e voltar na leitura, reler pensamentos mais profundos e sentir o doce sabor da mentalização. Esperamos que o conjunto desta obra seja de fato motivador. É o desejo desta equipe que trabalha para a sua motivação. É o desejo de quem trabalha na base do conjunto, a produção dos textos, o último elo.

Wanderley da Silva

A História do Canal Nando Pinheiro

As histórias sempre servem para entreter a quem delas gosta. Algumas histórias, porém, além desse objetivo, muito contribuem para o crescimento de quem as considera. Temos a certeza de que isso ocorre com a narrativa a respeito de como veio à existência o Canal Nando Pinheiro. O leitor verá como tudo aconteceu como que por encanto, sem nenhuma grande ambição. Foi a junção do desejo imenso das pessoas envolvidas de ajudar o semelhante, a diretriz dos fatos. E, como todos vieram de lutas renhidas coroadas por gloriosas vitórias, estavam — sem que o soubessem — bem preparados para um trabalho de tal magnitude e tão nobre objetivo.

É intrigante observar o encaixe perfeito de cada elo formando essa corrente de força e disposição. É encorajador sentir a força motriz que mantém acesa a luz que emana de tão elevados sentimentos. É absorvente viajar nessas poucas linhas e conhecer tão extensa caminhada. Mas não é preciso muito para contar essa história. Isto é o que a torna mais interessante: a simplicidade com que se desenvolveu.

Ao se empenhar nessa gostosa e rápida leitura, procure o leitor atentar a esses detalhes. São eles que enriquecem essa trajetória de sucesso, zelo e dedicação do que é hoje um trabalho reconhecido e aclamado. Temos a certeza de que será uma das maiores motivações que já pudemos produzir para os seguidores do Canal. E o melhor de tudo é fazer registrar esse motivador trabalho para a posteridade, para o benefício dos que virão. Além disso, fazer conhecer a tantos que já pediram o desenvolvimento dessa feliz caminhada. Possam todos — é o nosso sincero desejo — se deleitar com essa história de superação, motivação e sucesso.

Agora que o leitor já conhece quem está por trás do maior sucesso do país em matéria de motivação, é hora de conhecer a história intrigante de como aconteceu essa união de esforços. Lá pelo final de 2015, o Nando Pinheiro trabalhava com seu Canal Audiofive, tentando motivar com seus vídeos. O leitor deve se lembrar que ele já conhecia o Daniel Zaboto e faziam juntos algum trabalho. Vivia o Nando a navegar internet afora buscando conhecimento de qualquer coisa que pudesse agregar algum valor ao que fazia. Foi quando deu com os vídeos legendados de um garoto obscuro, mas carregado de vontade. Os vídeos eram postados semanalmente com um padrão interessante de edição, estilo cinematográfico, com trilhas envolventes, mas sem voz. O Nando gostou do trabalho e cedeu logo à tentadora ideia. Colocou voz em um dos vídeos e enviou ao produtor para ver o que ele achava. Foi aí que bateu no garoto prodígio Lucas Andreli. Conversaram e passaram a postar os vídeos no Canal Audiofive, de propriedade do Nando e já usado para suas apresentações a locutores. Os textos eram compilados da internet e editados pelo Lucas.

Não tardou e a mente sagaz do Daniel percebeu o impasse. No *Facebook*, as visualizações continuavam a crescer e o locutor a ganhar seguidores, mas estes não o encontravam no *YouTube*. A sugestão do profissional de *marketing* foi simples: "Por que não mudar o nome do Canal Audiofive para Nando Pinheiro?" Sim, por que não aproveitar essa *branding* vinda do *Facebook* e fazer dela bom uso no *YouTube*? Eles sequer imaginavam o tamanho do resultado.

Na ocasião, aproveitaram para discutir as possibilidades de ganho por meio desse canal e o muito mais que poderia ser criado. Assim, com a voz incrível do Nando, as edições impecáveis do Lucas e as ideias de *marketing* e *branding* do Daniel, nasceu o Canal Nando Pinheiro. O ano de 2016 foi marcado pela constância de um a dois vídeos por semana e, ao cabo de um ano, o canal alcançou a notória marca de 100 mil inscritos. A ideia de alcançar um público maior funcionou muito bem. Logo começou a aparecer uma série de comentários positivos, alguns de pessoas que foram motivadas a treinar mais e melhor, outros que passaram a estudar melhor e outros mencionando ajudas semelhantes.

Em julho de 2017, porém, certo comentário mexeu com as emoções da equipe. Um homem que se identificou apenas como ex-militar garantiu que um vídeo lhe havia salvado a vida. Segundo ele, havia chegado à beira do desespero total, o que o levou a decidir colocar um fim em tudo. Ao assistir a um dos vídeos do Canal, caiu em si e desistiu da ideia macabra. Isso levou a equipe a perceber que estavam executando um trabalho de magnitude muito além do que haviam imaginado. Poderiam expandir o negócio e servir de apoio e ajuda a muito mais pessoas. Era um rico legado que poderia ser de grande utilidade em uma época de dificuldades e decepções.

A decisão foi tomada. Em vez de um ou dois vídeos por semana passariam a postar 30 vídeos por mês — sim — 365 vídeos por ano, **um vídeo por dia**. Mas aí bateram na enorme dificuldade. Para esse feito fantástico, seria necessário juntar à equipe alguém capaz de produzir esse conteúdo mantendo constância na qualidade e regularidade. Os jornais, as revistas e a televisão têm inúmeros redatores no seu rol de produção. A equipe não tinha, na época, a menor possibilidade financeira para buscar escritores suficientes para tal obra. Precisariam encontrar uma única pessoa que acreditasse no projeto e aceitasse firmar uma boa parceria. Essa pessoa teria que assumir tamanha bronca, o que levava a equipe a acreditar que seria quase impossível, mas — veja bem — **quase**.

Foi aí que o Daniel apresentou à equipe aquele sujeito que anos antes fora o diretor de redação da sua revista lá no Japão. Aquele mesmo que criava o conteúdo inteiro e ainda cuidava de todo o processo editorial, o Wanderley da Silva. Foi assim que eu apareci na história do Canal. Relutei um bocado antes de aceitar, pois não era bem a minha área. Além disso, eu precisaria continuar executando outros serviços, pois a vida não para e eu precisava continuar mantendo a minha. Mas não resisti ao desejo de fazer algo que pudesse ser de ajuda às pessoas em geral. De meados de 2017 em diante, passei a produzir textos motivacionais para o Canal. Alguns saíram um pouco do estilo e se imbuíram de profunda reflexão. Mas parece que têm atingido o objetivo, a julgar pelos comentários de tantos a respeito e pelo crescimento que se deu a partir daí.

Em pouco tempo, o Canal alcançou o primeiro milhão de inscritos e não parou de crescer. Por ocasião desta escrita, está atingido 1 milhão e meio. A equipe passou a explorar mais a sua capacidade e expandiu para vídeos institucionais e publicitários. Criei o programa de treinamento Metamorfose em 21 dias, o Lucas editou, o Nando colocou a voz e o Daniel cuidou do *marketing*. O sucesso foi tal que, depois de dois anos, ainda continua vendendo muito, já tendo ajudado milhares de pessoas a melhor direcionar a sua vida.

Atualmente Nando Pinheiro e Daniel Zaboto rodam o país ministrando palestras motivacionais com temática baseada no referido programa. Nando Pinheiro não tem apenas a voz reconhecida, mas é conhecido nacionalmente como A Voz da Motivação. Impressiona a quantidade de agradecimentos que chegam aos montes todos os dias pelo rico trabalho da equipe. Muitos agradecendo pela salvação da própria vida, tendo sido libertos de profunda depressão ou até escapado das garras do suicídio. Nada é capaz de superar o contentamento que experimentamos diante de tão grande cordão de agradecimentos. Usar as habilidades que possuímos para ajudar outros é a melhor maneira de agradecer pelo que recebemos. É por isso que, da minha parte, faço questão de deixar nesta obra parte desses textos para a posteridade.

Prelúdio

O homem é, por natureza, um grande artista. Através dos tempos, ele foi desenvolvendo habilidades e criando suas artes para encantar seus semelhantes. Houve tempo em que se dizia a respeito de grandes palcos que ali a arte imitava a vida. Hoje, na desabalada corrida em que vive o homem, a vida está imitando a arte. Muitos ainda reclamam dos tempos idos, quando os valores tinham valor, quando o pudor ainda reclamava a compostura, quando a candura ainda tinha o seu lugar. Em nossos dias, a arte extrapolou o seu limite e caiu na apelação dos necessitados em mostrar que existem ou que são alguma coisa. Na sua desenfreada corrida, o ser humano se distancia cada vez mais do uso da mente. Ele precisa ver e ouvir aqui e agora com rapidez, pois não tem tempo a perder.

Durante a maior parte da sua história, porém, ele teve o bom livro como seu amigo e instrutor. A escrita foi a dona e diretora do progresso que hoje conhecemos. Já disse Monteiro Lobato que *um país se faz com homens e livros*. Os maiores sábios de todos os tempos usaram a escrita para deixar a expressão da sua sabedoria. E não há o que o homem possa inventar que não venha a carecer da escrita para o seu exercício. Ainda é sobre a escrita que repousa o progresso.

É por isso que nos demos ao trabalho de trazer para a página impressa essa seleção de textos que foram a base para tanto sucesso dos vídeos do Canal Nando Pinheiro. Em sua viagem por essas páginas, o leitor poderá se deleitar em criar as suas próprias ideias, em ouvir o som da sua imaginação, em sentir o sabor que só pode ser transmitido pelo bom e velho amigo livro. Sem contar que é essa ainda a melhor maneira de tornar perene o que mais valorizamos. Colocamos à disposição do leitor a base necessária para que cada um crie, à sua maneira, a sua motivação.

Wanderley da Silva

1

Anime-se! Você é Ímpar!

Ei, camarada! Andando cabisbaixo, chutando lata? Aaaah, já sei. É a baixa autoestima, não é? Mas o que é isso? Se baixou a autoestima é porque se concentrou nas suas falhas, produtos da sua imperfeição. Não percebe, porém, que, apesar de estar longe de ser uma pessoa perfeita, ninguém — absolutamente ninguém — pode superá-lo? Você é ímpar! Para começar a raciocinar na razão das afirmações, volte ao começo. Ao início de tudo, ao começo da sua vida. Perceba que sua vida começou com uma vitória. Sim, numa disputa renhida, numa corrida desenfreada de dezenas de milhões de espermatozoides, apenas um atingiu o óvulo, fecundando-o, o que gerou uma nova vida, a sua vida. Sim, você é fruto de uma vitória. E não parou por aí. Quantos anos você tem agora? Quantos dias já viveu? Melhor do que isso, quantos dias já venceu? Sim, você é produto de vitórias constantes. Você é um vencedor! Você é ímpar!

Na verdade, você vem sempre crescendo e vencendo. Aprendeu a falar um idioma difícil e complicado antes dos dois anos de idade. Aprendeu a andar, a perguntar, a raciocinar. Logo aprendeu a ler e a escrever. E a cada dia descobria que ia passando de aluno a professor, pois tantas eram as coisas que podia ensinar. E só você sabe de certas coisas, por exemplo, suas experiências. Sim, a sua própria vivência é uma grande escola que pode ensinar muito. E desta você foi o criador. Você é um sábio! Você é ímpar!

Reflita um pouco sobre apenas parte de você. É certo que admira o enorme avanço científico dos nossos tempos. É espetacular o que um computador pode fazer. Mas a capacidade de processamento de dados até mesmo do supercomputador mais poderoso equivale ao sistema nervoso de uma lesma. Agora pense em seu cérebro. Ele pode reter informações que preencheriam cerca de 20 milhões de volumes, tantos quantos os existentes nas maiores bibliotecas do mundo. E tudo isso dentro do pequeno espaço que toma conta de apenas 2% do seu corpo, com um peso abaixo de um quilo e meio. Você é fantástico! Você é ímpar!

E então? Vamos levantar a cabeça? Afinal, é lá em cima que o Sol está brilhando. Ou quem sabe uma linda Lua e bilhões de estrelas estejam trabalhando a seu favor, cumprindo seu maravilhoso objetivo. Você tem um dia inteiro pela frente para ser bem vivido. Ou quem sabe uma noite, o que pode ser melhor ainda. Acredite! Não é demagogia, não. Você é um sábio! Você é um vencedor! Você é fantástico! Você é ímpar!

> "Sua vida nasceu de uma vitória, não permita que ela morra numa derrota."

A Importância do Silêncio

2

Até o tolo, quando calado, é tido por sábio. Essa ideia foi criada por um dos maiores e mais sábios pensadores de todos os tempos. O mesmo pensador disse também que *há tempo para falar e tempo para ficar calado.* Sim, tamanha sabedoria! O silêncio vale ouro. Em muitas ocasiões o silêncio é a coisa mais sábia a aparecer. E é também a coisa mais poderosa, é o que grita mais alto. Por isso, quando sentir vontade de explodir, PAUSE... SILENCIE... PENSE... e só então PROSSIGA.

Vivemos em um mundo carregado de chateações. Um mundo que nos enlouquece se não tomarmos cuidado. É quando precisamos daquela pausa estratégica. Precisamos nos calar e pensar com sabedoria na melhor maneira de prosseguir. Naquela ocasião em que a discussão não alimenta, a reclamação não resolve, a revolta não auxilia. Nessa hora, o silêncio é o que fala mais alto. É o silêncio que resguarda o seu bem maior. O bem que você não pode perder: sua paz. Quando sua paz estiver ameaçada, é preciso que PAUSE... PENSE... e só então PROSSIGA. É a hora do silêncio. Não adianta se desesperar. Desespero não ilumina. Tristeza não leva a nada. Lágrima não substitui suor. E você precisa continuar suando, porque precisa prosseguir. Continuar compreendendo, ajudando, aguardando com sabedoria o ajuste do tempo.

O que não é bom para você também não é bom para outros. Pessoa ferida fere. Pessoa chata chateia. Pessoa amargurada amargura. Quem você é contagia aquele que está ao seu redor. A pessoa transformada transforma as pessoas. Então pause... Silencie por instantes... Respire fundo... Reflita... Pessoa curada cura. Pessoa fortalecida fortalece. Pessoa amada ama. E pessoa curada, fortalecida, amada, é detentora do bem mais raro da atualidade. Essa pessoa tem paz. Paz mental. Paz que excede qualquer pensamento. Paz que é o antídoto contra todo mal. O medicamento de eficiência comprovada. Paz que muitas vezes vem do silêncio. Do silêncio de um sábio. Do silêncio de quem sabe a hora de se calar, de pausar, de refletir. Quando o silêncio domina o grito, os ânimos se acalmam. A sabedoria aparece. Quando você não sabe mais o que fazer, não faça, pause. Quando você não sabe mais o que dizer, não diga, pense. Quem fala sem refletir dispara sem apontar. E quase sempre erra.

PAUSE... PENSE... e só então PROSSIGA. Prossiga em silêncio, se for preciso. Nem sempre quem cala é vencido. Muitas vezes, é no silêncio que reside a força. É no silêncio que reside a vitória.

> “Até o tolo, quando calado, é tido por sábio.”

Onde Está o Restante da Sua Vida?

3

Onde está você neste exato momento? Infelizmente, um grande número de pessoas está deitado em um divã no consultório de algum psicólogo. Não sabemos nada a respeito de nenhuma dessas pessoas, mas temos certeza de uma coisa: não importa o que elas estejam dizendo, estão se referindo ao passado. A propósito, essa é a marca da depressão: viver no passado e do passado. Normalmente a pessoa afligida remói suas dores e mágoas e, como seu cérebro não discerne o tempo do ato ou fato, vive a cada instante algo que ocorreu apenas uma vez, quem sabe, anos atrás. Isso leva a pessoa a um estado de completa perplexidade, o que faz baixar o nível de serotonina no cérebro, o que, por sua vez, desencadeia os pensamentos mais negativos possíveis, levando a pobre alma à depressão profunda. A pessoa se sente incapaz de se livrar das más lembranças, sentimentos de culpa, mágoas ou qualquer coisa que o valha. Sente-se pequena demais para vencer suas próprias culpas e dores. No seu estado atônito, não percebe que nenhum ser humano é capaz de fazer o que ela tenta: mexer no passado.

Esse é um problema que leva muitos a desconsiderar o seu valor, a perder seu tempo e a própria vida quando perde a autoestima e despenca na depressão. Considere alguns fatores que afetam muitos sem nenhuma razão de ser:

1. Por que remoer uma ofensa? Se alguém o ofendeu e tinha razão, então precisa ser humilde o bastante para desculpar-se ou, se possível, reparar qualquer dano. Se o ofensor não tinha razão, então por que se martirizar?

2. Por que a saudade desmedida? É natural sentir saudades de pessoas, de lugares ou de épocas. Note, porém, que a saudade que você sente é do modo que as coisas eram "naquele tempo", não importa se de pessoas ou de lugares.

3. Por que se corroer com os abusos? Não importa o tipo de abuso sofrido, se físico ou emocional, você foi abusado, mas não está sendo abusado agora. Eu sei que é difícil esquecer, mas também sei que não é impossível, muitos o conseguiram.

4. Por que a culpa não perdoada? Não é você que é imperfeito, a humanidade é imperfeita. Todos cometemos erros, sem exceção. É claro que é nossa responsabilidade reparar os erros cometidos, aprender com eles e errar cada vez menos. Mas morrer pelos erros praticados não é nenhuma sabedoria.

O antídoto contra a depressão está na resposta a esta simples pergunta: onde está o restante da sua vida? Não importa quantos anos tenha vivido, o restante da sua vida está no futuro.

> "Se o restante da sua vida está no futuro, então invista nele."

Nota do autor: O texto é para motivar à reação, não para desestimular a procura de ajuda profissional. Esta é necessária em muitos casos.

Você é a Pessoa Mais Amada do Mundo

4

Não venha desfiar o seu cordão de lamúrias tentando provar o contrário. Qualquer contra-argumento perde seu valor antes de se ouvir o argumento. Não importa o quão desamado se sinta, ainda é a pessoa mais amada do mundo. Duvida? Ora, é para você que o Sol nasce todos os dias, trazendo seu calor e sua luz. É para você que a Lua brilha, enfeitando a noite e inspirando a poesia. É para você que a primavera desabrocha em flores todos os anos, exalando sua doce fragrância. É para você que os pássaros cantam sua doce melodia, enlevando sua alma e trazendo o merecido prazer. É para você que a natureza produz os mais variados sabores para sua sustentação e agrado do seu mais refinado gosto. É para você que as ondas orgulhosas do mar se levantam e rebentam de modo gracioso. É para você que eu vivo. É para você que todos vivem.

Não consegue acreditar que é verdade? É muito fácil provar. Se fechar os olhos e morrer, tudo isso não deixará de existir? Sim, tudo existe porque você vive.

Você vive e a vida continua. O futuro está por ser escrito. Se até agora não tem gostado da escrita da sua vida, você não pode reescrevê-la, mas pode escrever a vida que virá. Tudo na vida tem duas escolhas. A questão é **que** escolha você faz.

Pode escolher viver a passagem da vida ou passar pela vida sem viver. Pode acordar de manhã e **escolher** passar o dia mal-humorado ou bem-humorado. Pode **escolher** se irritar com as idiossincrasias* dos outros ou sorrir delas. Pode **escolher** se ofender ou perdoar, chorar ou sorrir, cantar ou reclamar, viver mais um dia ou apenas passar por mais um dia. Pode **escolher** ser mais amado ou menos amado, pois você é amado na proporção que você ama.

A grande verdade é que existem muitos motivos que lhe causam tristezas e decepções, mas não existe uma razão sequer para não ver o lado bom das coisas e da vida. No seu caso, você é a própria razão para ser feliz e não se deixar levar por sentimentos ou emoções negativas. Não importa quantos anos tenha, até agora tem sido um vencedor. Você viveu e vive. Por que começar a perder agora? Sua vida nasceu de uma vitória, não permita que ela morra numa derrota. Você merece mais, você é grande. Anime-se! Você é a pessoa mais amada do mundo!

> "Você pode escolher viver a passagem da vida ou passar pela vida sem viver."

*modo de ser, característica

O Valor do Sorriso

5

Ei! Psiu! Você já sorriu hoje? Quantas vezes? Olha, uma criança sorri 400 vezes por dia. Será que reside aí a razão da sensação maior de prazer, felicidade, leveza e bem-estar que toma conta das crianças? Vale lembrar aqui o poema de Samuel Ullman, intitulado *Juventude*. Conta-se que esse poema se transformou no credo do General Douglas MacArthur e estava na parede de seu escritório em Tóquio, quando ele se tornou comandante supremo aliado no Japão. Sinta a veracidade das afirmações poéticas e veja se concorda que não há razão para diminuir o nosso riso pela vida afora, aos oito ou aos oitenta anos de idade.

> *A juventude não é um período da vida, é um estado de espírito. É o vigor da vontade, a qualidade da imaginação, a força das emoções, a predominância da coragem sobre a timidez, o desejo de aventura de preferência ao amor à comodidade.*
>
> *Ninguém envelhece pelo simples fato de viver um determinado número de anos. As pessoas só envelhecem quando abandonam seus ideais. Os anos enrugam a pele, a desistência do entusiasmo enruga o interior.*
>
> *A preocupação, a dúvida, a falta de confiança em si mesmo, o medo e o desespero fazem curvar a cabeça e voltar ao pó o espírito em desenvolvimento.*

> *Aos 60 ou aos 16 anos, há no coração de toda criatura o amor ao maravilhoso, o doce assombro diante das estrelas e das coisas e pensamentos cintilantes; o desafio indômito dos acontecimentos, a infalível curiosidade infantil por todas as coisas e a alegria de viver a vida.*
>
> *Uma pessoa é tão jovem quanto a sua fé, tão velha quanto a sua insegurança; tão jovem quanto a sua capacidade de confiar, tão velha quanto o seu desassossego.*
>
> *Uma pessoa é jovem enquanto seu coração recebe da terra, do homem e do infinito, mensagens de beleza, ânimo, coragem, grandeza e força.*
>
> *Quando desce o pano e todos os pontos centrais do coração estão cobertos pelas neves do pessimismo e o gelo do ceticismo, então — e só então — se está realmente velho. E que Deus lhe tenha piedade.*
>
> *VIVA TODOS OS DIAS DE SUA VIDA COMO SE ESPERASSE VIVER PARA SEMPRE.*

E então, já sorriu hoje? Quantas vezes? Iiiiih, faltam muitas vezes pra chegar às 400 da criança feliz. Sorria! Com 2 ou 20 anos, com 8 ou 80, tudo à sua volta é a mesma coisa, o seu interior é que muda. Mas por que mudar pra pior, deixar de sorrir? Como já disse o poeta, "o tempo passou, a vida não". Sorria, pois sorrir ainda é o melhor remédio!

> "Na pior das circunstâncias, sorria, lhe fará bem."

O Segredo da Felicidade

6

Talvez não se perceba, mas tudo o que se faz, não importa em que fase da vida ou em que sentido se viva, tudo é feito e vivido em busca da felicidade. A escola, a formação, a condição de vida, tudo é feito na busca da felicidade. Sem dúvida, tudo o que faz o ser humano é para ser feliz. Que triste contraste! Por que, então, tão poucos são felizes de fato?

É tão fácil ser feliz. É assim como ver o Sol nascer. É assim como viver cada manhã. É tão fácil ser feliz que é difícil entender por que tantos choram pela vida afora. A razão reside na maneira de buscar a felicidade. A felicidade não advém de se alcançar um objetivo, mas do resultado da vida que se leva. Não é preciso **ter** para ser feliz. É preciso **ser** feliz. Mas como assim? Eu vou lhe mostrar.

Um grupo de garotos está nadando em um rio de águas cristalinas em um dia de verão escaldante. Tente ouvir os seus gritinhos de alegria. Tente visualizar o seu corre-corre pelo gramado nas margens, seus saltos de cima de grande pedra na água lá embaixo, as brincadeiras de pega-pega e assim por diante. É só alegria, não é? Um grupo semelhante compõe uma seleção de futebol disputando a final de uma copa do mundo. Correm com frenesi, suam a camisa, se entregam o mais que podem durante aquele jogo transmitido ao vivo para o mundo todo.

Vamos agora olhar de perto o sentimento que toma conta dos dois grupos ao final do que estavam fazendo. O primeiro continua na maior alegria. Os garotos vão embora brincando pelo caminho, naquele empurra-empurra, naquele pega-pega, é só alegria. O segundo explode em lágrimas no vestiário porque não foi vitorioso, perdeu uma final de copa do mundo. Não apenas eles, mas todo o seu país se encontra numa depressão só, se lamuriando pelo amargor da derrota. É só tristeza. Qual a diferença?

Ora, a diferença é bem óbvia. O segundo grupo precisava alcançar o seu objetivo para ser felizes, precisava ganhar aquele campeonato. Não conseguiram e lá se foi a felicidade esperada. O primeiro grupo não buscava nada para ser feliz, seus membros **são** felizes. A felicidade, a alegria que esbanjam é resultado da vida que levam. Viva, portanto, de tal modo que não precise de nada para ser feliz. Seja feliz com o tudo que tem. Sim, a...

> "Felicidade não é um objetivo que possa ser alcançado, é o resultado do caminho percorrido."

A Receita da Felicidade

7

Sim, eu insisto na palavra porque é a coisa mais procurada do mundo... É a coisa pela qual se vai mais a fundo... E a coisa está no raso da razão que deveria imperar e resolver, mas se perde nas confusões do sistema conturbado e decadente em que vivemos. Sim, eu ainda falo em felicidade. E vou acender uma chama que vai aquecer o seu coração. Vai fazer o calor penetrar até o mais íntimo do seu ser e fazer reacender qualquer mecha que porventura esteja se apagando.

O fator decisivo para se alcançar a felicidade é o sentimento que você tem com relação ao que você faz. Pense no que significa ser rico. De acordo com os dicionários, rico é um sujeito que possui muito dinheiro, muitos bens. Essa é a definição geral da palavra, mas não é a realidade. Observe a pessoa mais rica da Terra e perceba o que ela está buscando. Se ela depende do que busca para sentir-se bem, então não é rica, pois depende de algo que não possui. Ao contrário, a pessoa que de nada carece é rica no verdadeiro sentido da palavra. E você não precisa de nada para ser feliz, você **é** feliz! Você é você! Você vive! Você respira! Você sente! Sim, você **é** feliz!

O amor ao que se tem gera uma tremenda sensação de posse, de realização, de contentamento. Ao contrário, o amor, a busca pelo que não se tem gera a ansiedade, a luta ardida pela conquista, muitas vezes do nada, pois é ao nada que se chega. Em contrapartida, se você aceitar uma máxima estabelecida pelo que é considerado o maior mestre de todos os tempos, por religiosos ou não, encontrará o segredo. Já afirmou Jesus Cristo que *há mais felicidade em dar do que há em receber.* Daí entendemos que, para ser genuinamente feliz, você precisa ser dotado de qualidades que o levam a dar, não apenas coisas, mas de si mesmo. O feliz é hospitaleiro, gregário, doador, prestativo, benigno, perdoador, bondoso e, sobretudo, amoroso. A sensação de contentamento interior vem das coisas que você faz, da vida que vive, do resultado. E você é tudo isso! Você vive! Você pode ser feliz! Você **é** feliz! Acredite:

> “É mais feliz quem escala usufruindo as belezas da trilha do que quem busca apenas a beleza do topo.”

Frustração é para os Fracos

8

Não concordo nunca com essa afirmação. Nem sempre o que ganha um campeonato é o melhor time. Nem sempre quem ocupa o pódio é o melhor competidor. Estou cansado de ver pessoas bem-sucedidas na vida afundadas em depressão, muitas chegando ao extremo do suicídio, como já aconteceu com tantas personalidades do passado e do presente. Muitos se acabam na infelicidade justamente por terem alcançado seus objetivos. De quantas pessoas carregadas de fama, riquezas ou poder que, se não fosse por tais, não teriam morrido na flor da juventude você consegue lembrar? Não, a frustração não é para os fracos, é para aqueles que dependem do resultado de seus objetivos para serem felizes.

"Mas não depende de mim", talvez você diga. Depende sim! Talvez você se lembre daquela expressão contida em uma música popular brasileira: "Felicidade não existe, o que existe na vida são momentos felizes". Muitas pessoas gostam de repetir a frase numa justificativa para os seus tantos problemas que tiram a alegria da sua vida. Para quem não é feliz é natural que a felicidade não existe. Mas coloque a frase em ordem inversa: *Infelicidade não existe, o que existe na vida são momentos infelizes.* É assim que canta o feliz. Como eu tenho sempre afirmado, para quem **é** feliz, a felicidade não depende das ocorrências, não é perdida quando acontece algo que causa tristeza ou dor. O feliz avança, apesar dos obstáculos! O feliz supera as dificuldades, as dores, os desapontamentos e os desastres da vida! O feliz vence a guerra, apesar de perder algumas batalhas!

Aí está o que leva às tantas frustrações. As pessoas querem ter ou fazer as coisas de que gostam, quando deveriam gostar das coisas que têm e fazem. Se você buscar apenas momentos felizes, perderá a alegria do todo que está fazendo. Uma chuva em um acampamento causa algumas dificuldades, mas não tira a alegria do todo que está envolvido em acampar.

Você não é um fraco! Não se deixe frustrar pela dificuldade em atingir seus objetivos. A sua luta já é uma vitória. Você é um lutador, um guerreiro, um batalhador! Sorria pelo caminho. Desfrute cada momento, porque cada momento é vida. Viva cada instante, porque cada instante é felicidade. Felicidade de estar vivo, de estar lutando, de amar as coisas que tem e faz e estar na direção da vitória. Entenda que felicidade não é exatamente chegar ao fim do caminho, mas ter um caminho para percorrer.

> “A frustração não é para os fracos, é para aqueles que dependem do resultado de seus objetivos para serem felizes.”

A Fonte da Juventude Existe

9

Infelizmente, somos quase sempre levados pela ansiedade de alcançar nossos almejos e não percebemos que, para tanto, fazemos qualquer coisa, até mesmo o contrário do que se deveria. Na busca da juventude, não raramente vemos isso acontecer. Poucos negócios crescem mais do que o ramo dos cosméticos. O paradoxo se encontra na preocupação bem menor que se tem com a alimentação, o descanso e os exercícios. Muitas vezes, você exige o melhor óleo para o motor do seu carro, troca regularmente os filtros, calibra sempre os pneus, usa apenas combustível especial e cuida muito bem da manutenção geral porque sabe que isso prolonga a vida do seu veículo. Em contrapartida, come e bebe aquilo que agrada ao seu paladar sem se importar com o resultado para seu corpo.

Alguém já disse que *saúde cuida-se enquanto se tem*. O mesmo pode ser aplicado à juventude. Têm sido inglórias e custosas as expedições para alcançar a fonte da juventude. Isso é apenas romance. Pode ser que esteja gastando desesperadamente seu tempo e recursos na busca daquilo que já tem e só precisa ser cuidado, conservado. Sim, é possível conservar a juventude muito mais tempo do que talvez pense. A fonte existe sim. Você vai envelhecer, até certo ponto, porque quer.

O seu cérebro não envelhece. Assim como os músculos ele pode ser atrofiado dependendo de como é usado. Certo renomado e experiente médico afirma que *as pessoas que enfrentam uma doença grave e, mesmo assim, conseguem viver mais que o esperado apresentam três traços específicos de personalidade. Têm espírito de luta, vontade de aprender e de mudar e uma grande abundância de recursos espirituais*. Interessante... ele não fez nenhuma referência à idade. Sim, você não precisa passar pelo tempo, é só driblá-lo e deixar que ele passe por você.

Você tem espírito de luta! Você tem vontade de aprender e de mudar! Você é jovem! Cuidar do externo, sim. Camuflar não resolve. Esse não tem jeito, vai se enrugar mesmo com o tempo. Mas o interno depende de você. O tempo enruga a pele, o pessimismo enruga a alma. Por isso, trabalhe esse seu maravilhoso cérebro de modo positivo. Veja o lado bom das coisas, as vantagens da vida. Você é jovem, não importa se tem 8 ou 80 anos. Olhe! Quando o futuro é o infinito, onde estamos faz parte do caminho. Por isso gosto de repetir: *Viva cada dia da sua vida como se esperasse viver para sempre.*

> Quando o futuro é o infinito onde estamos faz parte do caminho.

10

Não Aprende se Não Quiser

Quem você acha que é o maior sábio, aquele que estuda, aquele que pesquisa ou aquele que aprende? Certamente o estudo e a pesquisa são importantes para o aprendizado. Porém, de que valerá estudar a vida toda ou pesquisar todos os assuntos do mundo se não aprender? É, muitos estudam, pesquisam, mas não aprendem. Outros são sábios porque aprendem não só com estudos e pesquisas, mas com tudo na vida. A vida ensina, o mundo instrui. Será que você acha que é um daqueles que têm dificuldade de aprender? Longe disso. Você tem um cérebro mais ou menos com o mesmo peso e volume de qualquer outro humano. Encoste trabalho nele, faça esse cérebro trabalhar, porque, na verdade, é disso que ele gosta.

Você tem dificuldade de aprender ou tem a mente preguiçosa? *A ignorância deve ser sempre perdoada, como sempre condenada deve ser a mente preguiçosa.* Olha aí. Você pode aprender muito mais do que imagina. Você é inteligente. Você aprendeu e fala um dos idiomas mais difíceis do mundo. E aprendeu quando era ainda uma criança. Ainda acha que não aprende? Um dos professores de Thomas Edison disse que ele era "burro" demais para aprender. Mas as ideias de Edison mudaram o mundo. Dentre mais de mil inovações, ele inventou a lâmpada elétrica incandescente e contribuiu para a indústria do cinema. E você ainda acha que não pode aprender mais? Você possui cerca de bilhões de neurônios em seu corpo. Isso produz uma quantidade de informações que não se pode imaginar. E não sua capacidade não tem fim.

Vem cá, fala a verdade. Você tem dificuldade de aprender ou tem a mente preguiçosa? Vou ajudá-lo a chegar à conclusão. Você gosta de ler? Ah, não? Ler dá muito trabalho e é chato? Você pode ter a mente preguiçosa. Pare com isso, ligue as turbinas, desencante! A leitura o transporta para qualquer lugar do universo, faz você aprender qualquer coisa que imaginar. A leitura é a base de tudo. Ela agiliza seu cérebro e faz com que ele aprenda mais e com mais facilidade.

Vamos lá! Levante os olhos da telinha e pegue um livro. Ânimo! Ler é como coçar: basta começar. Você tem uma grande capacidade adormecida, precisa acordá-la. Não é verdade que você não aprende. Você é um sábio, só precisa mostrar isso para você mesmo. A ignorância pode ser perdoada. A mente preguiçosa... **NÃO!**

> “Toda ignorância deve ser perdoada, assim como condenada deve ser toda mente preguiçosa.”

Viva com Entusiasmo!

11

Ei! Aonde você vai com tanta pressa? Nem consegue falar direito. Puxa, está mesmo entusiasmado com a nova ideia, hein? Parece que agora tudo vai se resolver, não é? Acabaram os problemas, as dificuldades, é só cair de cabeça nesse novo projeto e tudo vai se ajeitar rapidinho.

Cuidado! O entusiasmo é a maquiagem do fracasso. Eu sei que pintaram para você o paraíso, mas... cuidado. Não existe pote de ouro no fim do arco-íris, não. Sair por aí voando, dominado pela euforia do sucesso pode não levar a lugar nenhum.

Será que estou querendo tirar o seu incentivo? Não, só querendo ajudá-lo a pôr os pés na terra. É, de fato, muito importante ser incentivado e é o que mais faço aqui. Mas, no caso do entusiasmo, existe uma diferença muito grande entre **com** e **por.** Eu explico.

Primeiro, **viva com entusiasmo!** Acorde todos os dias sorrindo, de bem com a vida. Não coloque a cabeça para funcionar em cima dos problemas, das dificuldades que terá que enfrentar no dia. Pense antes no fato incrível de estar despertando mais uma vez. Pense nas belezas que tem pela frente, não importa em que situação esteja. Você está vivo! Você venceu mais uma vez, está acordando para um novo dia. E em tudo que fizer coloque toda sua energia, toda sua vontade de fazer o melhor. Faça tudo **com** entusiasmo! Viva **com** entusiasmo!

Agora, quando, de repente, aparecer um "mapa do tesouro", cuidado. Não se entusiasme com a ideia. Não está cheio de tesouros escondidos por aí, e muito menos seus mapas dando sopa. É como aquele cachorro que tinha um suculento osso na boca e chegou à beira de um lago. Vendo lá embaixo um osso bem maior do que o seu, entusiasmou-se com a ideia e soltou o osso preso para pegar o outro. É como aquela criança que, em manhãs de inverno, corre entusiasmada para pegar a neblina. Com gritinhos alegres corre e corre até se cansar e volta sem a neblina.

Você não é como o cachorro, você raciocina. Sabe que o reflexo aumentou o tamanho do osso. Você não é como a criança, você tem conhecimento. Sabe que não se pode alcançar a neblina. Não se entusiasme, portanto, com as ideias mirabolantes que aparecem todos os dias prometendo resolver seus problemas e dificuldades. Acredite em você, no seu potencial, na sua inteligência. Analise tudo com sabedoria, sem entusiasmo. Sim!

> "Faça tudo **com** entusiasmo, nada **por** entusiasmo, pois o dito cujo é a maquiagem do fracasso."

A Origem da Força

12

Um sábio do distante passado escreveu que *feliz é o homem que... não se sentou no assento dos zombadores.* O zombador é um fraco, e os fracos tiram o poder dos fortes. Muitas vezes, quando se perdeu uma batalha, pensou-se que o inimigo foi mais forte, mas nem sempre é assim. Mesmo o maior herói tendo o lado perdedor, a fraqueza dos seus compatriotas o levou à derrota.

Por isso, tome cuidado! Fique longe daqueles que tentam minar a sua força, daqueles que até em um lindo dia ensolarado só esperam pela chuva que vem estragar o piquenique. Você pode até trocar umas ideias com alguém para ajudar a ver melhor o que talvez não veja com clareza. Mas você não precisa de ninguém para desanimá-lo na busca de seus objetivos. Você não precisa de água alguma para apagar o fogo do seu esforço, do seu zelo e da vontade de chegar lá. Você não precisa de ideias negativas e de pensamentos desanimadores. Você sabe o que quer e tem a força de que precisa para conseguir. Acredite em você!

Não chegue muito perto daquele que passa o dia largado em uma rede esperando o tempo melhorar. Muitas vezes, é na chuva que você precisa trabalhar. É na chuva que se molha, mas também se refresca e cobra ânimo. Os raios dão medo, mas também iluminam caminhos. O mau tempo faz parte da natureza, e a natureza vence o mau tempo. Depois da tempestade vem a calmaria. Mas é provável que quem estava jogado em uma rede acabou adormecendo.

Chegue bem perto daquele bem atarefado e é provável que tenha de aumentar sua velocidade para acompanhar o passo dele. Esse não espera pelo tempo, para ele não há tempo ruim. Esse tem a força, o otimismo, o dinamismo necessários para levar à vitória. Tome o lado dele, porque é um lutador como você e vai vencer. Esse se refresca com a chuva que cai e aproveita a iluminação dos raios para enxergar melhor o caminho ou — melhor ainda — a linha de chegada.

Sim, deixe os fracos de lado! Pois é dos fracos o pessimismo, o tempo ruim, a falta de oportunidade e o fim do caminho. O tempo ruim também é necessário. Se não houver oportunidade, crie! Se fechar o caminho, abra! Nunca enxergue o inimigo gigante no vale. Veja os gigantes que estão ao seu lado, pois pode ter certeza:

> “Não é a força do inimigo que mina o poder do herói, mas a fraqueza dos que o cercam.”

Wanderley da Silva

Ganhe essa Guerra! Ela é Sua!

13

Você já ouviu, alguma vez, a expressão "boi de piranha"? Sabe o que significa? Vou lhe contar:

No tempo em que as boiadas eram transportadas por terra, tocadas por boiadeiros a cavalo pelos campos, às vezes era preciso passar pelos rios a nado, pois não havia pontes. Acontece que alguns rios estavam cheios de piranhas. Para conseguir passar a manada a salvo, os boiadeiros soltavam primeiro na água um velho e magro boi que já estava perto da morte. Quando as piranhas o atacavam rio abaixo, eles passavam depressa a manada rio acima. Parece maldoso, não? Mas era o modo de salvar toda a boiada sem prejuízo, pois aquele boi já não dava nenhum lucro. Hoje, quando alguém tem que sacrificar alguma coisa a favor de outra mais importante, chama a coisa sacrificada de "boi de piranha".

Mas o que será que estou querendo dizer com isso? Será que este livro agora virou livro de historinhas? Não! Prepare o seu coração! O que eu estou querendo dizer é que você não tem que andar por aí cabisbaixo, com baixa autoestima, só porque alguma coisa deu errado. A sua caminhada não acaba em um rio. A sua vida não é apenas uma batalha, é uma grande guerra. E você pode lutar para sair vitorioso nessa guerra. Na verdade, você sairá vencedor! Você não se queixa pelos sacrifícios que tem que fazer a favor da sua vitória! Você sabe perder o pouco para ganhar o muito! Você é o herói dessa guerra que é a sua vida!

Você está se saindo muito bem até agora. Não importa se tem perdido algumas batalhas, não se pode ganhar sempre. Olhe o que não deu certo e chame de... "boi de piranha". Sim, é o pequeno preço pago pela vitória que você vai conquistar. Um bom rei não perde a coroa quando perde o reino; ele aceita o desafio da reconquista. E você vai conseguir, porque é um bom rei, o rei da sua vida. Essa guerra você vai vencer! Vai vencer porque tem coragem para enfrentar as piranhas da vida. Vai vencer porque tem coragem para enfrentar as turbulências dos rios da sua história — e dessa história você é o autor. Só você pode escrever um final feliz, um final vitorioso. Por isso, erga a cabeça! Ataque os problemas como inimigos ferrenhos! Ataque as dificuldades como pedras na sua escalada de sucesso! Não importa quantas batalhas você perca, o importante é ganhar a guerra.

> "um bom rei não perde a coroa quando perde o reino; ele aceita o desafio da reconquista."

Seja Famoso, Rico e Poderoso

14

Fama, poder e riqueza. Isso é para poucos. Mas você pode estar entre esses poucos. Vou lhe ensinar mais essa lição.

Fama é a condição do que é conhecido por muita gente, é notoriedade. Então você pode ser famoso! O primeiro passo é trocar de cara. Nunca permita que as nuvens do mau tempo venham cobrir o seu semblante. Deixe em casa essa cara carrancuda como se fosse uma máscara. Abra esses lábios num sorriso constante e mostre esses dentes brancos e bonitos para todo mundo. Cumprimente cada pessoa que passa, afague o cabelinho da criança nos braços da mãe, brinque com a moça do caixa do supermercado, faça uma zoeira positiva com o frentista do posto de gasolina! Pare um minuto para conversar um pouquinho com aquele idoso que caminha lentamente, com aquela senhora sentada no banco da praça. Diga seu nome para todo mundo e pergunte o nome de todo mundo. Seja gentil, alegre e solícito! Você será benquisto! Você será famoso! Você pode ser famoso!

Rica é a pessoa que tem muitos bens. Mas ainda assim pode ser carente de muita coisa. Então ela é pobre. O contrário é a autossuficiência. Você pode estar bem com aquilo que possui. E você tem muito. Um novo dia que nasce, o Sol que brilha de modo caloroso, a Lua que ilumina as trilhas do romantismo, a chuva que cai, a planta que cresce. Quanta poesia existe em sua vida e quanta força para buscar cada dia seguinte. Você vai! Você busca! Você traz! Você entrega e se entrega porque tem muito para dar. Você é rico em amor, é rico em bondade, é rico em amizades. Sim, você é amado por muitos. Você pode ser rico! Você é rico!

Poder ganha 23 conotações no dicionário. Aí você pode ver como pode ser poderoso. Veja só alguns dos significados: estar apto, ter competência, ter condições físicas ou morais, ter força ou capacidade para suportar, ter domínio, controlar... Ufa! E aí, percebeu como pode ser poderoso? Você é apto, competente, forte, capaz, tem condição, capacidade, domínio, controle... Sim, você tem o poder! Você pode ser poderoso! Você é poderoso!

É isso. Você é famoso, rico e poderoso! É uma questão de acreditar, de ver e entender o que é e o que possui. Daí em diante é só desenvolver e usufruir os louros da fama, a estabilidade da riqueza que possui e o poder que detém dentro de você. É... Você é famoso! Você é rico! Você é poderoso!

> “Nenhuma fama, poder ou riqueza superam o senso de realização que pode morar em você.”

15

Fale com o Coração

Nem sempre quando a boca fala os ouvidos escutam. Mas quando um coração fala, o outro sempre ouve. Você já ouviu isso alguma vez? Soa estranho aos seus ouvidos? Eu vou lhe explicar. Já percebeu que o mundo está cheio de pessoas que se batem de todos os modos e não alcançam seus objetivos? Sabe por quê? São pessoas que se entregam, se doam totalmente por coisas externas, mas se esquecem que têm um EU interior que é mais importante. E o que é pior é que não respeitam o EU interior do seu próximo. São pessoas que não falam com o coração.

Vivemos em uma época de inversão de valores. Pessoas procuram coisas que satisfaçam ao seu ego, que lhes rendam muito dinheiro, fama ou poder. Coisas que dão orgulho, mas que nem sempre enchem o coração, nem sempre resultam em felicidade. O problema é que é tudo muito superficial, sem consistência. Pense nos melhores cantores que você conhece. Lembre-se dos compositores que admira. Recorde as melhores músicas da sua vida. Veja o melhor atleta de qualquer tempo. Tenho certeza de que vai concordar que, por trás de todos os envolvidos em suas lembranças, sempre houve alguém falando com o coração, fazendo com o coração. O medo de errar, a necessidade de ser melhor, a carência da vitória leva a um proceder hipócrita. É o resultado de quem age de modo mecânico, de quem falou apenas com a boca.

Você que já conhece esses textos nos vídeos do nosso Canal, você que é um seguidor fiel, quantas vezes já sentiu o coração se aquecer com a nossa mensagem? Você que sempre agradece pelo bem que lhe fazemos com o nosso trabalho certamente sentiu no coração. Sabe por quê? Porque falamos com o coração! Gritamos no seu ouvido o que você precisa ouvir para reagir, para levantar e sair vencendo! E agora vou gritar mais uma vez para acordar o seu coração. Pare com essa mania de achar que o outro faz melhor, que o outro é melhor! Pare de querer mudar de lugar porque o lugar do outro parece melhor! Você já tem um lugar, o SEU lugar! Apenas aprenda a fazer as coisas com o coração. Aprenda a falar com o coração. Não tenha medo de errar! Não tenha medo da oportunidade! Você não precisa ser o melhor, você precisa fazer o seu melhor! E você pode! Você pode crescer no seu lugar! Seja você mesmo! Faça e fale com o coração. O outro sempre ouvirá.

> “Nem sempre quando a boca fala os ouvidos escutam. Mas quando um coração fala o outro sempre ouve.”

É Preciso Encarar

16

É preciso saber quando anoitece...
Reconhecer quando as trevas impedem a visão.
É preciso saber quando a trilha se estreita
O suficiente para impedir a passagem do corpo.
É preciso saber quando a ferramenta já não corta,
Quando o braço já não alcança,
Quando as pernas já não dão o passo.
É preciso reconhecer o fracasso.
É preciso entender que às vezes só alcança quem espera,
Quem busca a luz da manhã para dar visão,
Enquanto usa a noite para recuperar a forma
E ter condição para trilhar o mais estreito caminho.
É preciso reconhecer:
Não adianta bater... é melhor afiar a ferramenta.
O braço só alcança se levado pelo corpo.
E para dar o passo é preciso mover as pernas.
Entender é preciso:
O fracasso pode ser apenas o começo,
Mas a vitória pode ser o fim.
Não importa quantas batalhas se perca,
O importante é ganhar a guerra.
É preciso entender...

Já aprendemos uma importante lição: há vantagem em se chegar ao fundo do poço. Não dá para descer mais. Daí em diante só dá para subir. E você? Em que ponto está agora? Acha que está no fundo do poço? Então olhe para cima, porque para baixo só vai ver escuridão. Olhe para cima e veja a luz brilhando lá na boca do poço. É lá que você precisa chegar! É lá que você precisa estar! Então comece a se mexer agora! Não importa em que patamar você esteja, é preciso encarar! Às vezes, é preciso se arrastar sim, para conseguir subir, mas e daí? Tantos outros se arrastaram antes de você e agora estão lá em cima, usufruindo a luz da vitória. De que é que você tem vergonha? Não é nenhuma vergonha derrapar, cair, se estatelar pelo chão. Todo mundo passa por isso um dia. Vergonha é permanecer caído, se entregar! Vergonha é deixar de lutar! Vergonha é dizer "eu não posso", "eu não consigo"!

Não importa onde você esteja, o que precisa é reagir, continuar a subir. Até mesmo se estiver no fundo do poço das emoções negativas, emocionalmente afligido. Reaja! Não tenha vergonha de procurar ajuda profissional se for preciso! Muitos de nós precisamos. É preciso encarar! É preciso sair do fundo do poço! E a saída está lá em cima. Então não olhe para baixo! Veja a luz que brilha lá no alto e reaja! Cave, se arraste se for preciso! Mas tem que encarar! O fracasso pode ser apenas o começo, mas a vitória pode ser o fim.

> "Quando se está no fundo do poço, só se enxerga a luz olhando para cima."

O Tempo Não Espera!

17

Imagine:

Você tem um dia cheio pela frente. Agenda lotada das 7h às 18h. Os assuntos são todos muito importantes e não podem deixar de ser tratados e resolvidos hoje, sem falta. Não é que é preciso, importante, urgente, é que simplesmente tem que ser HOJE! Não tem outro jeito! Bem, às nove horas da manhã está tudo bem, tudo conforme a agenda. Ao meio-dia está com um leve atraso, mas nada que preocupe. Afinal o dia ainda está no meio. Às 13h... Opa! Atrasou demais, tome cuidado! Às 14h a coisa continua atrasada, mas mais bem controlada. Às 15h... É... a situação está preocupante, mas... ainda são 15h, dá para tomar um cafezinho. Depois das 16h o coração começa a apertar, parece que não vai dar tempo. Agora é uma disparada só, uma loucura tremenda correndo atrás do tempo. Depois das 17h é desespero total. A escuridão está tomando conta de tudo, inclusive da vida. Não vai ter jeito...

Situação desesperadora, não é? Agora aplique isso à vida, em suas idades diferentes e suas obrigações. Veja: não são coisas que se quer fazer, mas as OBRIGAÇÕES! Coisas que simplesmente têm que ser feitas! Tente sentir a diferença entre o meio-dia ou 14h e depois das 17h. Assim você poderá entender a diferença de estar entre os 35 ou 40 anos e depois dos 60. O tempo passa bem mais depressa, é bem menor. Esse pode ser o maior dilema que você vai enfrentar em toda a sua vida, depende de como está vivendo agora! Se deixar para fazer depois, o tempo poderá faltar. O tempo não espera quem espera pelo tempo. Vamos! Desgrude da cadeira! Não tem tempo não, ele está passando! O minuto passado já foi perdido!

Na verdade, este é o nosso maior dilema: nunca sabemos quanto tempo temos. Por isso, use o tempo ou ele será perdido! Não deixe para depois o que pode e deve fazer AGORA! Não use as dificuldades como desculpas, elas crescerão com o tempo. Entenda que você pode vencer enquanto tem juventude, enquanto tem tempo para lutar! E você tem! Você pode! É só sair do lugar! Então saia, caramba! Você tem o dia pela frente! Use bem o tempo AGORA! Depois das 17h tudo ficará mais difícil! Só se sabe que o tempo ficará menor! Aja AGORA! Porque...

> “O tempo não espera quem espera pelo tempo.”

Pare de Reclamar! Resolva!

18

Você já deve ter ouvido a história daquele garotinho que estava brincando perto de uma roseira e acabou se arranhando em um espinho. Furioso, ele pegou uma faca e arrancou todos os espinhos daquela haste. Alguém lhe explicou que não podia fazer isso, pois os espinhos são necessários, fazem parte da roseira que produzirá uma linda rosa. De fato, aquela haste secou em pouco tempo.

Embora talvez não se perceba, esse é um problema que afeta um número imenso de pessoas. É muito fácil reclamar das dificuldades, dos contratempos da vida. É mais difícil enfrentar e resolver. Muitas vezes, o problema de que se reclama nem afeta tanto ou tão diretamente. Observe que o espinho não veio arranhar o garotinho, mas ele **SE** arranhou no espinho. É assim também com os problemas. Na maioria das vezes, é você que se arranha neles. Então pare de reclamar, poxa! Não adianta lamentar que o poço secou! Ficar aí sentado reclamando não vai fazer a água voltar! Cave outro poço! Não adianta reclamar que não encontra emprego! Você já tem um! O seu emprego agora é procurar emprego! Se reclamar e não for procurar não vai achar mesmo! Reaja! Pare de se esconder atrás de um escudo de desculpas! Já reparou que quem só se defende vai para trás?

Pois é. Pare de se defender! Ataque! Ninguém jamais venceu uma batalha se defendendo! Ter a melhor defesa do mundo não leva nenhum time à vitória! É o ataque que faz os gols!

Está certo, o mundo anda mesmo cheio de problemas. Está cada vez mais difícil viver. Mas para quem senta e reclama está pior. Ninguém jamais alcançou uma vitória de graça. Os vencedores sempre foram aqueles que aprenderam com as dificuldades, e continua sendo assim. Por isso, não reclame! Aprenda com o deslize! Preste atenção no que foi que o fez cair! Aprenda dos seus erros! Melhor ainda, aprenda com os erros dos outros! Entenda que os problemas muitas vezes são as soluções de outros problemas. O mundo está assim, para se resolver um problema se criam dois. É por isso mesmo que não adianta reclamar. Não reclame, então, poxa! Não existe labirinto sem saída! Não existe problema sem solução! Não pergunte pela resposta quando a charada é apresentada! Resolva a charada! Você pode! Levante da confortável zona de conforto da reclamação! Parta para o ataque, porque é o ataque que faz os gols! É o ataque que leva à vitória!

> “Bendiga os espinhos, eles trazem a experiência da dor e a posterior alegria da sanidade.”

Viver ou Viver

19

Hoje eu vi alguém chorando sem ter motivo. Também vi alguém sorrindo sem motivo. Então, cheguei à conclusão de que tudo se resume em nada. Ou, então, tudo se resume no modo de ver. É isso! Uma mesma coisa vista por ângulos diferentes ou uma mesma situação sentida de maneiras diferentes. É fácil concluir que as pessoas que andam chorando pela vida afora são as pessoas de mente negativa, que vivem de mal com a vida, lamentando as nuvens negras de cada dia. É verdade que o Sol não brilha sempre, também há dias em que a chuva cai. É verdade que nem sempre é verão, o inverno também aparece para atrapalhar a pegada de praia. Mas sem a chuva não há vida. E é no inverno que a terra descansa, se recupera, se fortalece. Por que não pode o ser humano aprender com a natureza? Na verdade, os sábios aprendem. E, como a natureza, crescem e vencem!

Olhe aqui, não são apenas palavras, não. Assim é a realidade. Quando se fala de vida, você só tem uma opção: é viver ou viver, não tem outro jeito. Agora, você pode escolher viver a passagem da vida ou passar pela vida sem viver. Você vai ter que viver a vida de qualquer maneira, rindo ou chorando. E, olha, pode ter certeza, rindo é mais fácil. É verdade que existem mil motivos que nos fazem chorar, mas chorar também é viver.

Você pode até dizer que eu estou filosofando, mas não é filosofia, não, é a pura realidade. Nem sempre o sorriso nos lábios é a demonstração de um coração feliz. O palhaço trabalha sorrindo e fazendo os outros rir, mas ninguém sabe das mágoas que lhe cobrem a alma. Por outro lado, você pode ter motivos pra chorar, mas ter um coração pleno, cheio de vida e de amor para dar. E já que você acha que estou filosofando hoje, vou lhe dizer mais uma: é melhor viver chorando do que sorrir sem viver.

Então, vamos fazer uma coisa? Colocar na cabeça que, se existe motivo para chorar, não é preciso motivo para sorrir. Saia por aí a sorrir, a esbanjar felicidade, porque você está vivendo! Você não tem opção, é viver ou viver! Então não passe pela vida sem viver, viva a passagem da vida! Faça a escolha certa! Você só tem uma! Sorria porque a vida existe! A vida existe pra sorrir! É mais fácil assim...

> “É melhor viver chorando do que sorrir sem viver.”

20

Você, Robô! Cuidado!

A tecnologia criou mil coisas para facilitar a vida, mas para usufruí-las, complicamos a vida. É o caso de muitas pessoas hoje em dia. Mas eu quero ir mais longe, refletir um pouco sobre o outro lado da tecnologia, essa coisa fantástica que facilita a nossa vida! Essa coisa incrível que nos faz interagir com o mundo sem sair do lugar! Essa coisa linda que me leva até você, que traz você pra mim, com seus elogios calorosos e inspiradores! Essa coisa que nos ajuda a trabalhar, a ganhar a vida, a viver melhor! Essa coisa que mudou o mundo e trouxe o advento da facilidade! Essa coisa chamada: tecnologia!

Mas... cuidado. O provérbio está certo. Muitas pessoas estão complicando a vida por causa dela. Sempre raciocinamos sobre colocar os valores na devida ordem na vida. A dependência não é benéfica em nada e em nenhum aspecto. Tem gente por aí que pode surtar simplesmente à falta de comunicação com o mundo exterior. E, o que é pior, tem gente por aí com dificuldade na comunicação. Você não percebe, mas ao longo dos dias pode ir se tornando máquina, pode ir se robotizando e perdendo os sentidos de um ser humano. Às vezes, falo com uma pessoa e percebo que ela está distante, se desligou. Parece que sofre do mal de ausência. Está completamente alienada. Onde está o perigo? Ora, um robô não tem objetivos! Um robô é totalmente dependente! Um robô não mostra nenhum progresso por si só! Um robô não cresce! Não atinge metas! Não tem nenhum sentimento...

Certamente você não quer perder a sua liberdade de escolha. Você não quer e não pode deixar de ser VOCÊ! Não quer deixar de ter coração! Não quer deixar de sentir paixão, paixão por aquilo que ama! Paixão por aquilo que busca! Você não quer parar no tempo e voltar a ser apenas um assistente da sua vida. Você é o protagonista dela! Você tem que dirigir, e não ser dirigido! Você tem que seguir em direção à vitória, e não ser à vitória dos outros! Você não pode ser manipulado! Você tem que continuar a ser VOCÊ!

Então, use sim a tecnologia. Desfrute dela. Ela é um escravo maravilhoso. Mas veja bem: um escravo. Não permita que ela se transforme em seu amo! Domine-a! Não seja dominado por ela! Não perca essa chama que queima em seu peito! Não perca essa luz que ilumina seu caminho! Você... é VOCÊ...

> “A tecnologia criou mil coisas para facilitar a vida, mas, para usufruí-las, complicamos a vida.”

Respire o Ar em Derredor

21

Nosso objetivo é ajudar a vencer as dificuldades, saltar obstáculos, resolver problemas. Nosso objetivo é ajudar a recobrar o ânimo, levantar e ir à luta em busca de seus objetivos, da vitória. Isso é nobre, é sublime. Mas não é difícil confundir as coisas. Se em uma corrida, logo após o sinal de partida, um corredor sair feito louco na frente de todos em desabalada carreira, ele pode sair da rota e, embora correndo muito, nunca atingir a linha de chegada... ou chegar tarde demais. Já repeti muitas vezes que "muitos dão a vida para ser alguém na vida. E, quando conseguem, descobrem tarde, que já não existe vida nesse alguém". Entendeu? É como se você trancasse o peito no início da corrida e se empenhasse tanto a ponto de deixar pra respirar apenas quando chegasse ao fim. Nãããão! Não dá para parar de respirar! Respire o ar em derredor, mesmo durante a corrida!

O que estou tentando lhe dizer é que você não pode sacrificar certas coisas — pelo menos a maioria delas — em favor do alcance de seus objetivos. Isso porque "essas coisas" fazem parte do seu objetivo. Por isso, corra, sim! Lute, sim! Avance, sim! Mas respirando o ar em derredor. Não deixe nunca de sentir a doçura no sorriso da criança. Não deixe de ouvir sempre a sabedoria do idoso. Não deixe de amparar um semelhante que cai, ele também precisa chegar lá. Não deixe de admirar a beleza das flores. Não deixe de se perder embevecido pela beleza do luar. Não tenha medo de ser chamado de romântico, de sentimental. É preciso ter sentimento para sonhar. É preciso sonhar para querer. É preciso querer para poder. E você pode! Você pode porque você quer! Você quer porque você sonha! E você sonha grande, sonha com o infinito! Portanto, não deixe de meditar na grandeza desse infinito. É só entendendo o tamanho da escalada que você pode calcular o esforço de que precisa. Tudo isso faz parte do caminho. Tudo isso faz parte do seu objetivo, seja ele qual for. Tudo isso ajudará na sua caminhada. E tudo isso estará lá, na linha de chegada.

Não vale a pena ser a morte da vida. E nem vale a pena ser a vida da morte. Não adianta morrer para conseguir. É melhor conseguir para não morrer. Por isso, avance! Corra! Lute! Vença! Mas respirando o ar em derredor...

> “Não vale a pena dar a vida por um objetivo. É melhor ter objetivo ao dar a vida.”

Não Reclame Nunca!

22

Eu estava saindo da feira e notei duas amigas que pararam para conversar. Uma delas estava de saída e colocou duas sacolas no chão enquanto colocava a conversa em dia. Logo reclamou para a amiga: "Puxa vida, mas que carestia, não? A gente traz um monte de dinheiro, vai tudo embora e não leva nada". Não pude deixar de parar um pouco e me perder em reflexões. Olhei as duas sacolas no chão e concluí: não lamente o dinheiro que foi embora, alegre-se com o que conseguiu com ele. É... Naquele momento notei uma coisa muito interessante: como o ser humano é dado a reclamar! E nem sabe que reclamar causa dano à saúde. É isso mesmo, faz mal. Reclamar libera cortisol — o hormônio do estresse — na corrente sanguínea. Isso aumenta a pressão arterial e o colesterol, além de causar problemas de memória, risco de diabetes, doenças cardíacas e obesidade. E então, que tal parar de reclamar?

O reclamão não percebe, mas é desequilibrado. Pense: se você reclama que o salário é baixo, é porque tem emprego! Se reclama que o dinheiro é pouco, é porque tem dinheiro! Se reclama que está comendo sem carne, é porque tem comida! Se reclama que a vida é dura, é porque tem vida! Se reclama que a casa é fria, é porque tem casa para morar! Poxa! Pare de reclamar!

Se o salário é baixo, procure se qualificar mais, trabalhar melhor! Se o dinheiro é pouco, economize mais, trabalhe mais! Se a vida é dura, talvez seja porque você é mole! Afie as ferramentas! Bata com mais força! Se a casa é fria, esquente-a, nem que seja com calor humano! Reclamar é ser desequilibrado. Não é, não? Quer ver? Vou repetir: se você reclama que está comendo sem carne é porque tem comida. Mas é mais forte ainda! Está comendo sem carne, mas tomando refrigerante! Come sem carne, mas fuma! Come sem carne, mas não dispensa bebidas! Desequilibrado, sim, é você se age dessa forma! E o dinheiro que foi embora? Ainda reclama? É só não gastar! Afinal, para que você quer o dinheiro? Revista as paredes com ele. Mas cole bem, assim ele nunca irá embora.

Reclamar faz mal, gera estresse. E a maior incoerência do reclamão é que a reclamação não vai mudar nada. A reclamação só tem poder negativo, e o negativo não realiza nada. Seja equilibrado. Use bem as coisas que possui e conseguirá as coisas que quer.

"Não lamente o dinheiro que foi embora, alegre-se com o que conseguiu com ele."

A Força do Motivo

23

Talvez você conheça a história daqueles caçadores de focas que se perderam em uma grande nevasca no Polo Norte. O mundo parecia ser feito só de gelo. Eles duvidavam que pudessem escapar da morte certa. Mas conseguiram sobreviver. Um deles, líder do grupo, pensava com muito carinho na sua noiva. O rosto dela estava constantemente diante dele quando seus companheiros exaustos queriam desistir. Ele não pretendia morrer, e encorajava seus colegas a não se deitarem na neve, mas a se manterem em movimento. Ele e cerca de 50 outros homens sobreviveram ao acidente. Seu amor pela noiva, com quem mais tarde se casou, e a nítida imagem de seu rosto na sua mente salvou muitos da morte. Aí vemos a importância de nunca perder de vista o nosso alvo na competição. Às vezes, a luta pode ser tão árdua quanto a luta daqueles exaustos caçadores de foca. A morte se torna a única certeza quando se para de lutar. Perceba, porém, o que basicamente salvou aquele grupo da morte certa: a visão do rosto da noiva o tempo todo. Sim, aquele caçador tinha um motivo para viver. E ninguém, absolutamente ninguém e nem nada, supera a força de um motivo!

E então, qual é o seu motivo? Quais são os seus motivos? Não importa em que fase esteja na vida, nem em que situação se encontra. Você tem que estabelecer seus alvos e correr atrás para alcançá-los. Não adianta querer e ficar deitado esperando chegar. Se está meio caído, meio desanimado é porque está faltando motivação. E se essa falta é porque anda triste com alguma coisa... Aháá... então está aí a solução: o motivo seca a lágrima e motiva o peito! Então reaja! Coloque no seu campo de visão o motivo da sua luta pela vida afora! Esse sim, vale a pena! Não desanime, não se deite pra descansar! Se aquele caçador tivesse se deitado na neve, teria morrido congelado. Assim como ele, você precisa prosseguir. Você aguenta porque tem um motivo. Você não aceita a ideia de desistir! Você não se entrega! Você continua! Você vence!

É verdade que às vezes a caminhada fica um tanto dura. Às vezes as pedras cortam, o peito sangra. Mas só há um meio de chegar ao fim da estrada: é percorrendo-a. E o que vai lhe dar a condição de vencer a caminhada são seus motivos. Estabeleça, portanto, seus alvos. Crave seus motivos lá na frente, bem na linha de chegada e não desgrude os olhos deles. Assim você vencerá, porque

> “Ninguém supera a força de um motivo.”

Não Olhe o Caminho, Ande!

24

As pessoas que se perdem nos sonhos e parecem nunca acordar para realizá-los têm uma mesma característica: são pessoas procrastinadoras. Gostam de sonhar com o fim do caminho, sonhar com a vitória, com a realização. Mas gastam horas olhando o caminho à frente. Ora é o Sol que está queimando, ora é a chuva que atrapalha. O caminho está aberto diante de seus olhos, mas, para dar o primeiro passo por ele, é difícil demais. O procrastinador sempre tem uma desculpa. Vive cheio de vontade, mas falta a força da vontade. Veja o seu caso agora. Já tem um caminho para caminhar? Já tem uma rota traçada? Qual é o seu objetivo? Naturalmente que um caminho serve para levar a algum lugar. A que lugar você quer chegar com a sua caminhada? Já saiu ou ainda está olhando o caminho?

Olhe aqui. Olhar para o caminho não leva a lugar algum. É preciso percorrê-lo. Então comece, poxa! Saia da zona de conforto e ande! O Sol está torrando lá fora, mas as formigas estão aproveitando para acumular para o inverno! Aprenda com a formiga, ó, preguiçoso! Ficar olhando o caminho e almejando a chegada não vai levá-lo até lá! A chuva está caindo, mas você não é feito de açúcar! Pare de arrumar desculpas! Se quiser chegar, vai ter que caminhar! Então ande, poxa! Você pode!

É... Uma hora é o Sol, outra hora é a chuva. Qual é a sua desculpa? Seja qual for, sua desculpa não desculpa o fato de estar parado. É preciso entender que só chega ao fim de uma estrada quem a percorre! A caminhada pode ser longa, mas o primeiro passo pode ser o mais importante! É o passo que o tira do lugar, que o lança na rota! Ninguém está empenhado em uma caminhada e dormindo ao mesmo tempo. Quem está vivendo hoje está passando por tempos difíceis, mas está passando. E você, vai passar? Vai passar pelos tempos difíceis ou vai passar com o tempo? Quem olha o caminho sem sair do lugar vai chorar o tempo perdido. Só as pedras choram sozinhas no mesmo lugar! Eu sei que é confortável olhar o caminho pela janela, mas a meta está no fim do caminho! Eu sei que, às vezes, se sente desanimado, mas nenhum desanimado jamais foi vencedor! Eu sei que às vezes se sente cansado, mas o descanso é pra depois da vitória! Então levante e ande!

> “Olhar o caminho não leva a lugar algum! É preciso percorrê-lo.”

25

Seja Invulnerável

Lembro-me ainda de quando era criança e divertia as pessoas com a ideia de que eu jamais ficaria velho. Morrer, então, nem pensar. Eu jamais morreria. Conforme fui crescendo, foi crescendo também minha convicção. Quando desabrochava a juventude e eu descobria a vida, descobri também que homem chora. A linda donzela com quem pensava que passaria a vida toda foi embora. Bem, consolei-me com a ideia de que perdera apenas uma batalha. Afinal, para quem não morreria, havia muito tempo pra viver. Mas, de repente, aquele amigo do peito, sei lá eu por que cargas d'água, me aprontou uma bela traição. Passado pouco tempo, uma pancada maior balançou o gigante. Agora foi meu pai quem se despediu para sempre. Sem esperar a secagem das lágrimas, lá se foi também minha mãe. Aaaah, vida ingrata e desprovida de piedade! Ainda bem que tinha a amada para me dar seu ombro e o seu peito pra levar meu pranto. Mas que nada! Da amada também veio a incompreensão e fez brotar o temporal que escureceu minh'alma. Já sem saber se restava ainda um coração, veio mais um golpe: o filho ingrato feriu fundo! E o irmão — apoio certo que restava — me lançou fora, desferiu o golpe fatal! Velho, cansado, foi a vida, a realidade. Também passei, agora posso compreender: não se precisa a eternidade pra ser velho. Nem se precisa da morte para morrer.

Eu transformei em prosa a reflexão de uma bonita poesia. Como é que você costuma receber os contras que a vida traz? Costuma se afetar por eles a ponto de se desesperar? Iiiiih, então corre o risco de envelhecer depressa e morrer cedo, ainda que continue vivendo. É isso. Se permitir que as pancadas que a vida traz o afetem tanto não terá forças para atingir suas metas. Você vive num mundo cheio de ingratidão, de incompreensão, de intrigas e brigas sem fim. Você tem que se tornar invulnerável a esses ataques externos! Pare de ouvir o que as pessoas falam, o que elas fazem! Você é você e tem que continuar! Você tem que prosseguir!

Não é o caso de se tornar frio, sem sentimentos. A questão é entender que as dores do caminho fazem parte dele! Você tem que trilhar o caminho! Tem também que passar pelas dores! Elas fazem parte, não tem outro jeito! Mas você pode ser invulnerável! Não se deixe afetar! Continue! Nunca se esqueça: TUDO VAI PASSAR! Continue, então! Invulnerável! Sem se abater pelas dores da estrada!

> “Porque não se precisa a eternidade pra ser velho, nem se precisa da morte pra morrer...”

Medindo a Ambição

26

Não sejam teus olhos como a sepultura que, embora receba tanto, nunca se farta. Eu vou explicar e você vai entender. Tanto eu quanto a nossa produção temos uma preocupação muito grande com o efeito que o nosso trabalho tem sobre os nossos seguidores. Isso porque queremos mesmo, de coração, ser de ajuda e apoio para que possam lidar com as dificuldades da vida de modo mais suave. E o nosso trabalho é motivador, procurando fazer sempre a pessoa se levantar, correr, buscar, lutar, alcançar. E é isso mesmo o que precisamos nesse mundo de coisas difíceis. Mas é aí que está a questão: é fácil perder o equilíbrio e fazer as coisas de modo errado, de modo contrário ou negativo. Qual é o ponto de equilíbrio, então?

Você precisa se levantar, sim. Precisa se levantar porque deitado ninguém sai do lugar! E quem não sai do lugar não chega a lugar algum! Você precisa correr, sim! Precisa correr porque quem corre, alcança! Quem espera não chega! Precisa buscar, sim, porque quem não busca não encontra! Quem não busca não ganha! Precisa lutar, sim, porque quem não luta não vence! E quem não vence não alcança sucesso! Precisa alcançar, sim, pois quem não alcança não conquista! Quem não conquista é perdedor! E você não pode perder! Você não quer perder! Você precisa e quer chegar lá!

Tudo isso está certo. Mas é agora que vem a palavra de cautela. O provérbio usado no início é carregado de sabedoria. Não sejam teus olhos como a sepultura que, embora receba tanto, nunca se farta. Não é assim com a sepultura? Recebe constantemente, mas está sempre de boca aberta. Sempre querendo mais. Nunca se farta. Mas o que é que ela recebe? Apenas ossos e carne em estado de decomposição! Só recebe restos mortais mal cheirosos! Só recebe aquilo que todos lamentam, mas ninguém quer mais! Aquilo que ninguém pode guardar! Aquilo que já não é de nenhum proveito.

Olha, eu estou tentando dizer para você que existe uma diferença enorme entre buscar o sucesso e ser um ganancioso desmedido. Quem tem objetivos e luta por eles tem nobreza! O ganancioso tem vilania! Quem compete segundo as regras tem caráter! O ganancioso tem covardia! Quem prima pela vitória, conquista! O ganancioso perde, mais cedo ou mais tarde! Busque, então! Levante, corra, lute, alcance! Mas com garbo. Porque se for como a sepultura que nunca se farta... vai acabar conseguindo o que não presta...

> “Não sejam teus olhos como a sepultura que, embora receba tanto, nunca se farta.”

Consequências que Decidem

27

A vida não é dominada pelos atos, mas pelas consequências. É bem verdadeira essa afirmação, mas não tão bem percebida. Às vezes, você se preocupa demais com certo ato quando são as consequências dele que o afetarão. E o pior, poderá levar à frustração. Como já afirma a canção popular: "Nos preparamos pra muito e choramos por menos". É preciso aprender a enxergar as consequências antes do ato praticado. Se atirar uma pedra para o alto, ela poderá cair na sua cabeça ou na cabeça de alguém. O ato de jogar a pedra não cria nenhum problema, mas os resultados, sim. Por isso, analise as consequências dos seus atos. Aonde o levarão? Você está dominando seus atos ou eles têm sido resultado do acaso? Melhor ainda: você é atuante ou a vida está entregue ao desânimo? A falta de atos também traz consequências.

O lavrador que sente o vento e acha que não é dia para semear também não vai colher. E se não colher não terá comida. A fome é uma consequência. É o resultado da falta de alimentação, que é resultado da falta de alimento, que é resultado de um sem-fim de outras possibilidades. Mas houve em algum ponto um ato impensado ou a falta de um ato, de uma ação. É preciso criar um anteparo para o vento e semear, apesar da ventania! O ato de ficar parado não causa nenhum dano a ninguém, mas não produz! A consequência é a falta! O ato de desistir leva ao descanso, à despreocupação, mas não leva à vitória alguma! A consequência é a perda! Cuidado com os atos desprovidos das boas atitudes! Os resultados podem ser funestos...

Pior ainda podem ser os atos praticados sem levar em conta o que eles produzirão ou deixarão de produzir. Quando você fala de modo impensado, fala o que quer, não o que precisa! E vai ouvir o que não quer, mas precisa! Quando você sai correndo sem direção, correrá muito, não o necessário! E vai perder a força, mas necessita! Quando você gasta tudo o que tem, comprará bastante, não o que carece! E não terá tudo, mas carece! Quando você fizer tudo o que pode, fará muitas coisas, não o que deve! E não vai parar, mas deve! Por isso, continue sim, cheio de atitude! Cheio de intrepidez! Cheio de coragem! Siga rumo aos seus objetivos! Rumo à vitória! Mas, antes de cada ato, pense nas consequências. Porque são elas que decidem.

> “A vida não é decidida pelos atos, mas pelas consequências.”

Wanderley da Silva

Esperar também é Pressa

28

Pois é... Agora você já não entende mais nada. A gente está sempre animando a correr, a superar, a vencer, e agora vem com essa de esperar. Nããããão! Calma aí! Nada de parar no tempo! Nada de desistir do caminho! Nada de esperar acontecer! Estou falando de esperar com sabedoria, não sair louco por aí e dar com os burros n'água! Você sabia que em certa região dos Estados Unidos vive uma borboleta que pode levar até cinco anos para sair do casulo? Ela é muito sensível e, para sobreviver, precisa da temperatura exata, bem como da correta umidade do ar e da devida pressão atmosférica. Ela só sai quando tudo lhe é favorável. Então, ela "nasce" para a vida, não para a morte.

É verdade que o vencedor é aquele que corre muito. Mas, às vezes, também é preciso um *pit stop*. Nas corridas automobilísticas, são paradas técnicas de grande importância, pois podem decidir o resultado de uma prova. É nessas paradas que é feito o abastecimento, a troca de pneus ou os ajustes mecânicos. Se o piloto insistir na corrida para não perder tempo nos boxes, ele pode estourar um pneu ou avariar o carro e ter que abandonar a prova. Do mesmo modo, você também precisa parar, às vezes, precisa saber esperar. Mas não vá usar isso como desculpa para mais um pouco de cochilo! Desculpa para deixar para depois!

Desculpa para parar! E tem mais uma coisa: lá no boxe das pistas de corrida está pronta toda uma equipe para gastar o mínimo de tempo possível em fazer a devida manutenção. Ninguém pode perder tempo. Você também precisa aprender a discernir o momento certo para fazer a manutenção! E precisa estar preparado! Saber o momento certo para sair do casulo! O momento certo para cada ação! O momento para acertar... E vencer...

Quando a corrida é a corrida pela vida, é preciso ter ainda mais cuidado. Nada é por acaso, você faz acontecer! Nada é obra do destino, seu caminho é você quem traça! Você espera, sim! Você aprendeu que mais vale esperar do que entregar-se ao que não se espera! Você não admite surpresas! Você sabe o que programou para acontecer! Você executou o planejamento, trabalhou, deu duro, você lutou! Você fez um *pit stop* proveitoso, bem planejado! Você aprendeu a planejar as paradas para a manutenção! Você tem paciência e controle das emoções. Você sabe que esperar... também é pressa...

> “É no pit stop que o carro é preparado para a vitória.”

Escola para o Futuro

29

Por que será que tanta gente andou pedindo um vídeo sobre escola? Ah, acho que já sei por quê. Você também é daqueles que reclamam assim: "Estudar, estudar, estudar! Eu já não aguento mais, parece que a vida foi feita pra estudar!". Se for, eu acho que você tem razão. Depois de gastar tanto tempo do seu dia na escola, ainda tem que dividir o restante do tempo com as lições de casa. E ainda ouve alguém dizer que você não faz nada na vida a não ser estudar. Chato, né? Mas você não está se desanimando não, né? Ah bom, porque essa de desânimo não pega bem. Ainda mais para você que está com a vida toda aí pela frente! Tem mais é que erguer a cabeça e ir adiante! Com garbo e fé!

Eu vou dar uma mãozinha com algumas dicas. Fica mais fácil assim:

- Prepare uma lista de coisas a fazer.
- Anote as prioridades em ordem de importância.
- Elabore uma programação.
- Veja o melhor horário para cada coisa.
- Estabeleça prazos razoáveis.
- Seja disciplinado e equilibrado.

Mas nada vai adiantar se você não entender as razões. Por que você vai à escola? Porque precisa aprender. Aprender para quê? Para ter uma formação. Ter uma formação para quê? Para ganhar muito dinheiro. Ganhar muito dinheiro para quê? Ora, para ter uma vida melhor! Aháá, aí está o xis do problema. Quer alcançar o pódio sem participar da corrida. Ou até participa, mas só na mordomia, só no sossego. Aí não dá! Não existe vitória sem luta! E a sua luta agora é a escola! Então, tenha força de vontade! Estudar é o que vai ajudá-lo a desenvolver a habilidade de raciocínio. Cultive bons hábitos de estudo. Escolha bem seus amigos. Se eles não gostam de estudar, vão desencorajar você. Não se atrofie diante as dificuldades. Dificuldades fazem parte da vida, não tem jeito. Elas têm que ser vencidas. Acredite no seu potencial. Não importa quanto, você tem potencial. Precisa descobri-lo e desenvolvê-lo. Não pense que está perdendo o tempo gasto com a escola, você está investindo o tempo. E um dia terá o retorno certo e corrigido.

Eu sei que não é fácil. Mas o que pra você é assim, também é difícil pra mim. E eu estou seguindo. E vou continuar seguindo com você. O valor do prêmio atenua as dores pela conquista. Fixe os olhos na meta, não nas dores da estrada. A meta está lá na frente... E a escola é o caminho...

> Só tem chance de alcançar o pódio quem se empenha durante a disputa.

Mude e Vença!

30

A única coisa permanente na vida é a mudança. A própria vida é uma mudança constante. Mas é interessante como um bom número de pessoas não gosta de mudar para crescer. Continuam batendo em ferro frio. Não se incomodam de não sair do berço. Como já cantou o célebre Raul Seixas: "Como as pedras que choram sozinhas no mesmo lugar". Choram e não crescem. Labutam, mas não realizam. Lutam, mas não vencem. Puxa vida, tem mais pela frente esperando por você! Esperando pela sua conquista. A sorte não é milagre. A sorte é abertura de oportunidade. Mas quem deixa escapar, perde. Depois se diz azarado. É pior do que isso, é um perdedor.

É preciso abrir a mente. É preciso inovar. Afinal, a vida não é só isso. Estou sempre gritando essa verdade. Mas alguns estão surdos. Hoje eu não vou gritar, vou ser mais solene. Vou mostrar a você um poema que faz pensar, um poema que faz refletir, que faz ver como a vida é uma mudança constante. E como você precisa aceitar a ideia e mudar! Mudar para melhor! Mudar para crescer! Mudar para vencer! É um poema inédito, um presente para os seguidores do Canal.

CÉLULAS.

Pense em motivos que você já teve
E tantos hoje não motivam mais.
Pense em razões que já o dominaram

E com razão deixaram de existir.
Pense nos sonhos que o enlevaram
E nem em sonhos hoje quer lembrar.
Pense nos alvos ontem almejados
Nunca alcançados por errar o alvo.
Pense em vitórias buscadas em luta
Que por vitórias foram derrotadas.
Pense nas lutas que travou na vida
E na vida que tanto já não luta mais.
Pense nas noites que passou em claro
E na claridade que acabou com as noites.
Pense nos dias tão negros vividos
E em como o negrume deu lugar aos dias.
Pense no tanto que achou tão pouco
E no tanto que hoje falta já nem faz.
Pense na criança que um dia foi
E daquela criança o que resta ainda.

> "A única coisa permanente na vida é a mudança."

Pense no homem que um dia foi feito
E o feito do homem nesses tantos dias.
Pense na história que quis escrever
E na escrita outra que a história apronto.
Pense que foi ontem o que outro é hoje
E será ainda o que outro já foi.
Pense no que foi há mais de sete anos
E nesse tempo todo o que deixou de ser.
Pense que, na vida, só ficam mudanças
E quanta mudança... ainda tem pra fazer!

Vença a Timidez

31

Cansado de ser tímido? Timidez cansa. E leva o seu dono a perder o que a vida tem de melhor. Porque o melhor, não importa em que campo seja, envolve sempre o relacionamento humano. Mas não se desespere, timidez tem cura. Em primeiro lugar, não acredite nos dicionários nesse aspecto. Deve ter ficado apavorado quando leu a definição de timidez: "fraqueza, debilidade", entre outras coisas. Embora "o pai dos instruídos" esteja certo, não necessariamente o tímido é fraco, débil. Pode ser apenas acanhado, retraído. Mas venha cá. Já se perguntou por quê? Pode ser simplesmente a falta de considerar algumas ideias que poderão revolucionar o seu EU interior. Veja lá:

Pare de cobrar tanto de si mesmo! Eu sei que você comete um bocado de erros, mas quem não comete? Você se esquece que errar é humano? Ninguém vai deixar de gostar de você por isso, do contrário ninguém gostaria de ninguém!

Acredite em você! Você não acredita em nada? Nem em um ser superior, nem na ciência, em nada? Como pode acreditar se não acredita em você? Você vem antes de qualquer outra coisa, pois sem você não existe outra coisa!

Não supervalorize os outros! Que mania de achar que os outros são sempre melhores! Mania de achar que os outros podem mais! Que são mais inteligentes! Que se acertam melhor! Ninguém é perfeito! Pode ter certeza de que qualquer ser humano tem algum defeito que você não tem!

Não se ofenda com facilidade! Olha, foi o sábio Rei Salomão quem disse: "Ficar ofendido é o que descansa no seio dos estúpidos". E é estupidez mesmo! Se o que falaram está certo, então não deve se ofender, mas corrigir, ajustar! Se não está certo, não tem por que se ofender! Aprenda a rir de si mesmo!

Ninguém agrada a gregos e troianos! Nem você! Não se incomode se alguém não vai muito com o seu jeito! Você não é obrigado a se dar bem com todo mundo e nem todo mundo com você! Ninguém é assim!

O mundo não é seu inimigo! Alguns podem até criticar você, rir de você, mas já reparou quantos? Já notou que são ALGUNS? E estes são os "babacas" da vida com quem ninguém se importa! Por que você se importa, então?

E aí, vamos deixar essa timidez de lado? Você pode! Você é o melhor porque você é você! Sem essa de baixar esse olhar bonito quando o olham! Sem essa de baixar a cabeça quando precisa erguê-la para o sucesso! Vá! Experimente! Fale! Tome a iniciativa! Vença a timidez!

> "O melhor, o mais bonito, o mais sábio são coisas do momento. Logo aparecerá alguém superior e lhe tomará o lugar."

Não se Afete

32

Será que você é daqueles que fica chateado com um insulto, um rebaixamento ou uma ofensa qualquer? Será que é daqueles que não leva desaforo pra casa? É claro que ninguém gosta disso, mas será vantagem sempre responder à altura ou tomar alguma atitude? Conhece aquela história? Aquele garoto, depois de ser insultado, deu um belo safanão no colega, afirmando que não levava desaforo pra casa. Só que, depois do safanão, o outro veio e o deixou todo quebrado. Piorou a situação. Aguentou o desaforo na rua mesmo, ficou só um pouco mais feio. Se você é grande, vai continuar grande se não permitir que alguém o diminua.

Você não tem motivo para se sentir diminuído por alguém. Porque ninguém é maior do que você. Pode até ter alguém mais alto, até mais inteligente, mais bem-sucedido na vida, tudo bem. Mas ninguém é mais importante porque só você pode ser você mesmo! A sua pessoa é a pessoa mais importante pra você! É em você que você vive! Quando outra pessoa se julga melhor ou maior, ela **SE** julga! Quem disse que ela é? Na verdade, só o fato de humilhar alguém mostra que ela é pequena. Precisa pisar em alguém para ficar mais alta! Precisa fazer as costas de outro de degrau para poder subir! Precisa de autoafirmação para se sentir alguém, para achar que pode! É uma pobre pessoa carregada de complexo de inferioridade que precisa se enaltecer! Então, você não tem que se afetar com o que ela faz ou fala! Não tem que deixar a ansiedade aparecer e muito menos crescer! Não se afete! Não leve em conta! Leve o desaforo para casa! Leve, porque na verdade ele não existe! Você só será ofendido se permitir se ofender! Sem essa! Ninguém pode rebaixar você!

Sabe, às vezes a gente não percebe, mas a pessoa que insulta, ofende ou rebaixa outros é que na verdade se torna menor. Ela é pequena em compreensão. É pequena em reconhecimento! É pequena em humildade! Ela só é grande em presunção! Só é grande na ambição de ser maior! Para que se afetar, então, com o que vem dessa pessoa? Quando você se ofende, aí, sim, está se colocando à altura dela! Aí, sim, se rebaixa! Nããããão! Você é maior! Não precisa se rebaixar nem ligar para os pequenos que estão por aí e que não têm coragem de lutar como você para crescer! Para esses que vivem procurando as costas dos outros para subir! Não se ofenda! Não se afete! Porque você não precisa...

> “Infelizmente alguns sobem numa folha de jornal e se acham superiores.”

A Velocidade Equilibra

33

Eu vi há pouco tempo um preguiçoso sem objetivo na vida usar um raciocínio, no mínimo, hilário. Ele usou a ideia de que não é preciso se esforçar ou correr tanto. Para provar o dito, citou o equilibrista. Argumentou que, quando o equilibrista anda, há perigo de cair, mas quando está parado ele se equilibra melhor. Falta de lógica, naturalmente. O preguiçoso, aquele que quer o fim do mundo em barranco, aquele que não tem metas está sempre arrumando desculpas para sua ve-lo-ci-da-de. Nesse raciocínio, se é que houve raciocínio, ele não percebeu o fato de que o trabalho do equilibrista é aquele. Parado, se equilibrando, ele está fazendo o seu trabalho, está atingindo seu objetivo. É bem diferente da nossa trajetória na vida. Por essa estrada, se ficar parado o bicho pega, se correr a gente escapa. Experimente, como já disse Raul seixas, ficar "sentado na porta de um apartamento com a boca escancarada cheia de dentes esperando a morte chegar". A morte vai chegar mesmo... E depressa! Porque quem espera é alcançado, especialmente no caso da morte! E o que é pior, morte sem ter vivido, sem ter buscado, sem ter alcançado!

Faça um teste simples. Monte em uma bicicleta, coloque os dois pés nos pedais e fique aí parado. Por quanto tempo vai conseguir se equilibrar? Difícil, não? Agora pedale bem devagar.

Vai sair fazendo curvinhas, meio desequilibrado, não é? Agora pedale mais rápido. Ficou bem mais fácil se equilibrar, não? Se correr, então, pode até soltar as mãos do guidão. Essa é a corrida pela vida! É a velocidade que dá o equilíbrio! E você ainda fica aí vivendo pela lei do menor esforço! Escutando quem não sai do lugar e não quer que os outros saiam.

É claro que é preciso equilíbrio até quando a questão é o equilíbrio. O equilibrista lá na corda bamba precisa ir devagar. No caso dele, é devagar que se atinge o objetivo. Mas ele não está disputando com ninguém. Ele não está numa corrida desesperada e competitiva como está a nossa vida hoje! Numa corrida, se você não corre, não chega! Se não chega, não ganha! E você quer ganhar, não é?! Então é preciso correr! Então, vamos! Pedale! Acelere! Saia da zona de conforto. Corra! Se você não vai ao objetivo, o objetivo **NÃO** vem a você! Porque o objetivo é mais sólido do que uma montanha! Ele é fixo! Você é que tem que se mover! E se mover depressa porque...

> "... É a velocidade que dá o equilíbrio."

O Rio Sempre Chega ao Mar

34

Todas as nascentes correm para o mar e não há quem possa mudar o seu destino. Entende o que está envolvido nisso? Consegue perceber a força motivadora por trás da afirmação? Vamos entender. Sabe como nasce um rio? Alguns pingos d'água caindo entre as pedras formam um pequeno filete que se escoa e vai seguindo seu caminho. Outra nascente se junta e mais um filete e mais outro e o rio se forma. Interessante... Não importa o volume de água que corre dessa nascente, ela vai alcançar o mar. Quando rochas se interpõem no caminho, a água cava as rochas. É... Você já ouviu: "água mole em pedra dura, tanto bate até que fura". Quando o homem cria as enormes barragens para segurar as águas, elas saltam por cima. Nada no mundo é capaz de segurar as águas de uma nascente. Elas vão alcançar o mar. De qualquer jeito.

Isso tem um nome: objetivo. E é disso que você precisa ter na vida. A maioria das pessoas tem objetivo, ou pensa que tem. Pensa apenas porque muitas vezes elas o descartam simplesmente porque a caminhada em direção a ele ficou muito difícil. Rolaram pedras na estrada. Uma barragem imensa se interpôs no caminho. Ou quem sabe é um rio que apareceu de repente e não há como passar. É assim. A água é mole, mas cava a pedra dura. Você se diz duro, mas não vence a água mole, muito menos cava as rochas. E menos ainda salta as barragens da vida. Isso é moleza! Falta de foco! Quem tem objetivo não desiste, luta! E quem luta vence! Ou, pelo menos, tem a honra de ter lutado, em vez da vergonha da desistência! Aprenda com o rio! Tome o seu caminho tendo a certeza da chegada! Programe essa chegada! Visualize o pódio a todo instante! Não aceite que nada, absolutamente nada, se interponha em seu caminho! Salte os obstáculos e siga rumo à vitória, rumo ao mar de sucesso que o espera!

Agora mais uma lição do rio. Ele sempre alcança seu objetivo porque, enquanto vai deslizando, aceita todas as nascentes que se juntam a ele. Não importa quão minúscula seja a ajuda. O rio é humilde. Ele sabe que é o pouco de cada um que faz o muito de todos. Também vai trabalhando, servindo a todos por onde passa. Sabe receber e sabe dar. É por isso que ele sempre vai alcançar o mar! Torna-se forte o bastante para vencer os obstáculos do caminho! Não há quem possa mudar o seu objetivo final!

> Ninguém pode mudar o destino de uma nascente.
>
> Ela vai sempre alcançar o mar.

Ações que Constroem

35

É muito triste ver as dificuldades que o ser humano enfrenta nos tempos atuais. É mais triste ainda saber que muitas delas são provocadas por ele mesmo. Sim, para muitas das coisas de que você reclama você é o causador. É fato que um dos nossos maiores problemas está ligado de algum modo às dificuldades nos relacionamentos. Desde que cunharam a expressão "conflito de gerações", os pais têm dificuldades no relacionamento com os filhos. Os relacionamentos entre os casais duram cada vez menos e são conturbados o bastante para causar brechas e dores. Será que alguma vez você já pensou nas causas principais? Bem, são muitos os fatores envolvidos e não somos *experts* no assunto. Mas olha aqui. É só observar com atenção e você vai perceber um detalhe que pode resolver grande parte do problema.

Observe bem de perto a sua roupa. Note como ela é composta de inúmeros pontinhos bem miudinhos. São esses milhares de pontinhos miudinhos que compõem a sua vestimenta. Do mesmo modo são as ações do dia a dia que constroem a sua cobertura, a sua personalidade. Repense, então, por instantes, em como costuma tratar as pessoas com quem se relaciona. Repense nas palavras que costuma usar ao se dirigir às pessoas. Você não gosta de ser ofendido, mas ofende! Você não tolera desaforos, mas desafora! Não suporta gritos, mas grita! Não aceita falta de respeito, mas desrespeita! Não gosta de insolência, mas é insolente! Não tolera atrevimento, mas é atrevido! Ora, aonde acha que vai levar o seu relacionamento? Não tem outro jeito, vai ser desastroso! E não adianta reclamar que não vale a pena ser "bonzinho" porque ninguém é! Não adianta usar a desculpa de que se for bonzinho aí é que os outros montam! Se não houver um começo, não se atingirá o fim! Comece por você! Eduque você! Construa com pequenas ações uma grande vestimenta.

Sabe por que isso é importante? Porque você não é uma ilha. Você não vive de modo independente. E para alcançar o sucesso sempre terá que contar com outras pessoas. Por isso é preciso cuidar das ações do dia a dia. Se ofendido, perdoe, mas não ofenda! Se desaforado, esqueça, mas não desafore! Se gritarem, não ouça, mas não grite! Se desrespeitarem, ignore, mas não desrespeite! Faça aos outros o que quer que façam a você!

Talvez você esteja acostumado a prestar atenção às grandes consecuções. Mas são as pequenas ações do dia a dia que constroem uma personalidade que agrada e vence.

> "Assim como com pontos miúdos se constrói a roupa, com pequenas ações se constroem grandes relacionamentos."

Sorrindo é Mais Fácil

36

É indiscutível o valor do sorriso. É certo que ele ajuda a enfrentar as dificuldades do dia a dia. Muitos acham, porém, que é difícil manter o sorriso com tantos motivos em contrário. Afaste essa ideia da cabeça! Não há um motivo sequer para deixar de sorrir! O sorriso está em você, está na sua disposição! É só mover os músculos da face! Na verdade, quando você faz isso, melhora a sua saúde! Ajuda a conservar a juventude! Então, sorria! Pode ter certeza: sorrindo é mais fácil!

Eu vou ajudar você a sorrir mais. Vou lhe contar uma história que me contou certo amigo meu. O rapaz é poeta e alucinado por crianças. Quando nasceu sua primeira filhinha, ele a encheu de babas e poesias. Mas ficou indignado por querer que ela aprendesse logo um bocado de coisas para brincar com ele. Mas tudo que ele fazia ela apenas o olhava e sorria. Isso inspirou a poesia com o tema "O sorriso da minha filha". Cada estrofe terminava com a reclamação: "Você só sabe me olhar e sorrir". A ansiedade do rapaz era tal que ele não conseguiu terminar a poesia e acabou por esquecê-la. Certo dia, ele não amanheceu muito bem-humorado. Saiu para o trabalho e encontrou um dia nublado, escuro, sem nenhum brilho. No escritório, não tardou a ouvir um colega se irritar com outro por algum motivo. O chefe apareceu reunindo a turma para uma boa bronca devido a algum problema do dia anterior. Na hora do almoço, ele viu um colega reclamando que outro havia derramado seu copo de suco. Meu amigo passou o dia de semblante fechado e sentiu-se aliviado na hora de ir embora. No caminho, viu um motorista gritar com um pedestre desatento e uma mulher esbravejando com uma criança. Ufa! Que dia! Só ao chegar a casa e sorrir de felicidade por encontrar seu maior tesouro foi que notou que passou o dia de cara fechada. Quando a linda criança se desmanchou toda naquele gostoso sorriso, ele imediatamente procurou suas anotações e terminou a poesia: *Mas seu sorriso inocente/não conhece o destruir/e mesmo sabendo pouco/muito pode construir/ pois sabe mais do que eu/minha filha, você sabe sorrir!*.

Pois é, foi assim que eu aprendi a sorrir mais. Aprendi com um bebê que só sabia sorrir. Por isso era tão feliz. E então? Você precisa de motivos pra sorrir? Não! O seu sorriso é que pode motivar! Então, sorria sempre! Cante, porque quem canta não precisa de motivos para sorrir! Quem sorri motiva a rir quem tem motivos pra chorar! O sorriso faz crescer! Faz acontecer! O sorriso ajuda na escalada! Na pior das situações, sorria! Vai lhe fazer bem! Pode ter certeza: sorrindo é mais fácil!

> “O sorriso seca a lágrima e motiva o peito.”

Reconquiste!

37

Hoje é com você que anda pelos cantos chorando alguma perda. Perdeu o quê? O grande amor da sua vida? O emprego de que tanto gostava e, o que é pior, precisava? Perdeu a posição privilegiada que ocupava? Ou foi dinheiro em algum negócio? Olha, não importa o que tenha perdido, é uma pena. Lamento muito. Mas tem um detalhe: talvez o que foi perdido nunca foi seu. Ou já não era por algum tempo. Mas o mais importante é o seguinte: não importa o que tenha perdido, reconquiste! Sim, é isso mesmo! Reconquiste! Se você tinha, é porque um dia ganhou. Então não tinha antes de ganhar, certo? Ficou na mesma situação agora. Então, vamos! Mãos à obra! Vamos à luta! A luta pela reconquista!

Você se lembra daqueles tempos em que os reinos viviam em guerra? É, você sabe da história, nem que seja pelos filmes ou pelo que aprendeu na escola. Muitas vezes, um rei perdia o seu reinado e era levado como escravo. Alguns se conformavam com a situação e amargavam a servidão pelo resto da vida. Outros, porém, não! Reagiam! Criavam novas estratégias e reconquistavam o seu reinado. Isso porque sabiam de uma coisa simples, mas poderosa: a queda de um reinado não significa o fim de um rei. É isso mesmo! Um bom rei não perde a coroa quando perde o reino, ele aceita o desafio da reconquista! Então vamos lá! Sem essa de andar chorando pelos cantos! Sem essa de andar reclamando pelas esquinas da vida! Vire a esquina e levante a cabeça! Olhe para frente! É nessa direção que continua a sua vida! Siga adiante, então! Nada de chorar o leite derramado! A vaca continua produzindo leite! Mas você tem que ir tirar! Só você pode recuperar o que perdeu! Lembre-se: se teve é porque ganhou um dia! Antes de ganhar não tinha. Então ganhe de novo, ora! Você já fez isso uma vez! Faça de novo! Você pode porque você já fez!

Eu sei que tem alguém dizendo que no seu caso não é simples assim. Mas é simples, sim! Depende de como você encara a situação. Pense no seguinte: se um problema tem solução, **não precisa** ficar ansioso. Agora, se o problema não tem solução, então **não adianta** ficar ansioso. Reconquiste! Se não é mesmo possível reconquistar agora exatamente o que perdeu, reconquiste a alegria de viver! Reconquiste a paz mental! Reconquiste a sua capacidade estratégica e vá à luta! Você não deixou de reinar sobre a sua vida! Ainda tem a coroa! Encare o desafio, então! Reconquiste!

> “A queda de um reinado não significa o fim de um rei.”

Mire no Objetivo

38

Quantos quilômetros têm a sua corrida? É uma corrida de curta ou longa distância? Tenho certeza de que quer que seja uma maratona. Então se prepare para correr muito e por tipos diferentes de terreno, enfrentando climas diversos. Sim, em uma corrida de longa distância, tudo muda quando já percorremos grande parte do caminho. Na verdade, quanto mais perto estamos da linha de chegada, mais difícil fica continuar. A maioria desiste nos últimos quilômetros. Mas você não. Você saiu na corrida pela vida para chegar ao final! Saiu para ser vitorioso! Com essa determinação você vai ganhar! Então, aprenda o segredo: não desfoque nem por um instante o seu objetivo.

Eu sei que tem gente que buzina no seu ouvido a ideia de que em qualquer corrida há obstáculos. E sei também que você às vezes acha que para você não tem jeito. Mas não é verdade! "É a cabeça, irmão", já gritava um colega lá no passado! Mas é isso mesmo! É a sua cabeça negativa ou a de alguém perto de você! Pare com esse argumento furado! É desculpa esfarrapada de quem não quer se mover! De quem não tem sangue de vencedor! Você tem, eu tenho certeza!

Olha, pense um pouco. Quantas vezes você deixa de ser você mesmo e acaba sendo dirigido pelos outros? E tantas vezes dirigido por uma mente negativa, sem poder de reação. Pare! Pense! O que é um obstáculo? Aháää, está vendo? Nunca tinha pensado nisso tão profundamente, não é? Obstáculo não é impedimento. Agora eu vou mostrar para você como obstáculos só existem na visão dos fracos. **Obstáculos são aquelas coisas medonhas que você vê quando tira os olhos do seu objetivo.** Sim, somente quando deixa de mirar seu objetivo é que vê os obstáculos. Fora isso, são apenas dificuldades. E dificuldades fazem parte do caminho! Dificuldades servem para testar sua tenacidade! Servem para criar resistência! Servem para criar em você a dureza da rocha! Servem para criar em você a firmeza da montanha! Sim, cada dificuldade vencida o torna mais forte e capaz para enfrentar um desafio maior que tem pela frente! Se não houvesse dificuldades, não haveria vitória! Então, não tire os olhos do seu objetivo! Se fizer isso, vai enxergar os obstáculos! Mas se não enxergá-los vai ignorá-los! Eles não existirão para você! E assim você vai chegar lá!

Mire no objetivo. Não tire os olhos dele. Ajuste a câmera dos seus olhos. Desfoque tudo em volta, mas foque no ponto em que quer chegar. Mire no seu objetivo e não verá os obstáculos.

> “Obstáculos são aquelas coisas medonhas que você vê quando tira os olhos do seu objetivo.
>
> Henry Ford”

Sem Tempo para Ser Feliz

39

O visitante viu à distância o morador deitado em uma rede embaixo das frondosas mangueiras. Quando bateu para chamar sua atenção, o homem simplesmente respondeu que estava ocupado e não podia atender. O visitante ficou indignado por instantes, mas entendeu. O homem estava ocupado com o seu descanso. E você? Será que é daquelas pessoas que vivem correndo sem tempo para nada? Parabéns! Eu gosto de lidar com pessoas bem ocupadas. Gosto de delegar algum trabalho a essas pessoas, pois sei que farão melhor e mais rápido. Mas tenho uma palavra de cautela: há uma enorme diferença entre ser uma pessoa ocupada e não ter tempo para nada, além do objeto da sua correria.

Quantas vezes por dia ou por semana você usa a expressão "eu não tenho tempo"? Sabia que essas quatro palavras podem ser a linha divisória entre o sucesso e o fracasso? Sim, a pessoa de sucesso sempre tem tempo. Todos têm 24 horas por dia. Você também! Todos têm 720 horas por mês. Você também! Então precisa ter tempo para todas as coisas necessárias. Pode ter certeza de que os bem-sucedidos na vida são aqueles que sempre têm tempo. A diferença entre estes e os que nunca têm tempo é que sabem administrar bem essa riqueza. Como é que você programa a sua vida? Tem uma lista de prioridades? Tem uma agenda para cumprir? Não?! Então você não tem tempo mesmo. Não deve ter tempo nem pra ganhar dinheiro. Não deve ter tempo nem para ser feliz. Consegue ver aí o paradoxo? Tudo você faz para ter uma vida melhor, para ser feliz. Então aprenda a usar bem o tempo! Pare de correr de um lado para outro feito doido, ô! Quem deixa o barco rodar pode se perder nas correntezas da vida! Você precisa de autodomínio! Precisa de um programa de vida! O tempo não espera e não volta! Faça agora! Mas faça com atenção às prioridades! Liste as prioridades! E não se esqueça de colocar nessa programação um tempo para ficar bem ocupado em se estirar naquela rede embaixo daquelas árvores frondosas...

É isso mesmo. Se você faz tudo para ser feliz, precisa tomar cuidado. Pode gastar tanto tempo correndo feito doido atrás da felicidade que pode acabar não tendo tempo para ser feliz. Tempo você tem. Precisa agora de uma boa programação para usar bem o tempo que tem. Porque...

> "A grande linha divisória entre sucesso e fracasso pode ser expressa em quatro palavras: 'Eu não tenho tempo'."
>
> Franklin Field

40

Maldição ou Desafio?

Este mundo anda mesmo engraçado. Um sem-número de pessoas se conforma com algumas ideias, no mínimo, mirabolantes. Tudo o que acontece elas atribuem a bênçãos ou maldições. Essa é a melhor prova do sossego dos conformistas, o comodismo do derrotado. A marca do homem comum. Que diferença do guerreiro! Que diferença daquele que é talhado para a vitória! O homem comum encara tudo como bênção ou maldição. O guerreiro encara tudo como desafio. E você? É guerreiro ou comum? Aháàá, eu sei que você é um guerreiro e tanto! Você não reclama ante um contra da vida! Você não lamenta quando algo sai errado! Enfrenta o desafio de consertar tudo e prosseguir, não é? Você é guerreiro!

Olha, eu respeito muito as diferentes crenças de cada um. Mas, muitas vezes, o que parece crença é mais crendice de acomodados. Imagine a pessoa que vai deixando a vida passar e para tudo tem uma desculpa pronta. Quando as coisas dão certo, ela se diz abençoada. Quando as coisas dão errado, ela se diz amaldiçoada. Quando dá certo, ela se alegra e comemora. Depois segue de novo em busca da sorte. Quando dá errado, ela se conforma, pois, afinal, é resultado de uma maldição alheia à sua vontade e entende que nada pode fazer a respeito. Fora com essa ideia, ô! Saia desse marasmo! Maldição é o que acontece na vida dos perdedores! Na vida de quem não busca a vitória! Bênção é o que acontece na vida dos guerreiros! Na vida daqueles que desconhecem a maldição! Daqueles que encaram os desacertos como desafios! Daqueles que enfrentam e vencem! Daqueles que não aceitam serem amaldiçoados! Daqueles que só conhecem a vitória! Esse é o seu caso! Eu quero que seja o seu caso! Então, parta pra cima! Ataque! Não espere o resultado do acaso para ver se será bênção ou maldição! Enfrente o desafio! E, se for uma maldição, transforme numa bênção! Você tem o poder de transformar! Se não pode mudar o passado, pode estabelecer o futuro! O futuro é você quem escreve! Então, escreva um futuro de vitória! A vitória que você produziu! Aí, então, será ricamente abençoado.

A diferença fundamental entre o homem comum e o guerreiro é que o guerreiro encara tudo como desafio, enquanto o homem comum encara tudo como bênção ou maldição. Você faz a diferença! Veja desafios, então! E desafios são para guerreiros como você! Guerreiros que não esperam pelo resultado! Guerreiros que fazem o resultado! Que enfrentam os desafios! Que transformam maldição em bênção.

> "O homem comum se acomoda dizendo que é uma maldição. O guerreiro ataca, pois só vê um desafio."

41

Tem Jeito para Você, Sim!

Eu percebi em alguns comentários dos nossos seguidores que algumas pessoas continuam para baixo. Comentam que no seu caso não tem jeito, que não levam jeito, que não adianta. Mas o que é isso? Como não adianta? Tudo tem jeito. E você leva jeito, sim, pode ter certeza. O que deve estar acontecendo é que ainda não descobriu por onde começar. Aí está o detalhe interessante. É melhor começar pelo começo. Aí, desanimado como está, você me diz: "é aí que está o problema, eu não tenho nem como começar". Tem sim! O problema é que você está maximizando o problema. Pensa que para começar é preciso ser ou fazer muita coisa. Nããããão! Você sabe como nasce um rio? São apenas gotinhas pingando da nascente e se juntando para formar um pequeno filete que vai escorrendo lentamente. Pois é, o rio nasce bem pequeno e se torna grande conforme vai correndo. Sabe o que eu estou tentando lhe dizer? É que você não precisa ser grande para começar, mas precisa começar para ser grande. Então comece! Dê o primeiro passo! Esse é o passo mais importante porque é o primeiro passo em direção à vitória!

Na verdade, você está dando o primeiro passo todos os dias, apenas não percebe. Você não vai dormir à noite se não se levantar de manhã. Não vai chegar ao passeio se não sair de casa. Não vai melhorar a aparência se não se arrumar. E você está fazendo tudo isso todos os dias. Então, qual é o seu problema? É só dar o primeiro passo em direção à solução. Você não sabe qual é a solução? Ora, de novo pergunto, qual é o seu problema? A solução é o que vai acabar com ele. Vamos, comece! Dê o primeiro passo! Pare com essa história que no seu caso não tem jeito! Não existe problema sem solução! E você não é exceção! Está é escondendo suas qualidades! Está olhando para os seus defeitos e achando que é uma pessoa coitadinha! Olha aqui! Você não é isso, não! Apenas está fazendo corpo mole! Se não der o primeiro passo, não vai dar o último também! E o primeiro passo é lá embaixo mesmo! É o primeiro degrau! Para chegar lá em cima, tem que subir! Então suba o primeiro degrau, ora!

Quem deu o passo para subir ao pódio deu também o passo que começou a corrida. Você não precisa ser grande para começar, mas precisa começar para ser grande. Então comece. Você tem jeito, sim.

> “Só dá o passo que sobe ao pódio quem deu o primeiro passo da corrida.”

Por Que Caiu?

42

Você já percebeu que há reações diferentes diante de um tombo? Há aquela pessoa que cai e nem se levanta, fica a chorar ou a praguejar de ódio. Mas também há aquela que cai e se racha de tanto rir. Qual a razão da diferença? É que a primeira pessoa é orgulhosa, não suporta um tombo, especialmente na frente dos outros. Já a segunda pessoa aprendeu a rir de si mesma. Aprendeu a levar as coisas na esportiva. Se caiu, é para se levantar. Essa pessoa é revestida de sabedoria. Essa pessoa é uma vencedora. Não importa quantas vezes caia, vai se levantar e continuar a corrida. E sabe de uma coisa? Vai acabar ganhando. Sabe por quê?

Nas vitórias, os sábios são amantes da alegria; nas derrotas, são amigos da reflexão. Sim, a sabedoria não é demonstrada por ganhar sempre, mas por sempre saber como agir em cada caso, em cada situação. Quando o sábio ganha, ele se alegra, naturalmente. Afinal, é para isso que está na competição. É para ganhar. Mas, quando, por algum motivo, ele perde, também se perde em reflexão. Sim, é isso mesmo. Se você sofre uma queda, não quer dizer que não é bom corredor. Muitas coisas estão envolvidas. O que é que o fez cair? Se você não descobrir, vai cair outra vez, e mais uma e ainda outra... Então, não lamente o tombo! Reflita! Procure a causa! Não adianta se esconder atrás da desculpa de que você não tem jeito! Acomodar é muito fácil! É só falar que não tem jeito! É só falar que não consegue! Mas não é verdade, puxa vida! Você sabe que não é verdade! Você sabe que o que precisa é se levantar e correr ainda mais rápido para recuperar o tempo perdido! Tem medo de quê? Do que outros vão dizer? Ora, sem essa! Quem é o dono da sua caminhada? Você caiu sim, mas quem não cai? Quem aprendeu a andar sem sofrer umas boas quedas? A corrida é sua! É você que quer chegar ao final! Se não tem motivo para sentir alegria na derrota, então tem razão para reflexão! Pense! Reflita! E encontre a causa da queda. Conserte o que for preciso e volte para a pista.

Muitas vezes, o riso existe nos lábios do tolo. O sábio, quando sério, nem sempre está triste. Está concentrado no objetivo. Está refletindo na correção do erro que o levou à queda. Esse erro não vai derrotá-lo novamente. Ele será corrigido pela sabedoria.

> "Nas vitórias, os sábios são amantes da alegria; nas derrotas, são amigos da reflexão."
>
> Augusto Cury

Refaça Você!

43

Como as pessoas reclamam de seu passado. Como as pessoas culpam outras pessoas ou outras coisas pelos seus desacertos. É bem verdade que muitos foram marcados por maus-tratos. Muitos carregam marcas horríveis, traumas gigantes. Mas pense: se você foi modelado em um molde e não está contente com o resultado, então se refaça! Agora você pode! Agora você já está fora do molde! Reinvente-se! Seja aquilo que você quer ser!

O importante não é aquilo que fazem de nós, mas o que nós mesmos fazemos do que os outros fizeram de nós. É isso mesmo. Se ficar reclamando que é assim mesmo porque outros lhe fizeram assim, nunca será de outro jeito. Nunca será do jeito que você quer ser.

"Eu **queria** ser"? **Queria**, não quer mais? É isso que deixa muita gente para baixo. O verbo sempre no passado. Fale no presente porque você vive no presente! Eu quero! Quando você quer você consegue! Quando você quer não adianta outros não quererem! Quando quer, você se transforma! Você se reinventa! Você se refaz! Então pegue aquilo que fizeram de você e trabalhe em cima. Se antes fizeram um trabalho ruim, faça agora um bom trabalho. Se fizeram de você um zero à esquerda, passe esse zero para a direita. Se não construíram em você algo de valor, valorize-se agora! É você quem sabe o quanto vale! É você quem coloca o preço! E o seu preço é muito alto para se vender às lamúrias! É muito alto para se render às imperfeições! Imperfeito todo mundo é! E você não é pior do que todo mundo! Você pode ser melhor do que você é! Faça um bom trabalho com o que fizeram de você... Dê uma ré... mas não para trás... **Re**construa! **Re**edifique! **Re**pare! **Re**nove! **Re**invente! **Re**descubra! **Re**faça você!

O importante não é o que fizeram de você, mas o que você faz com o que fizeram de você. Não lamente o que está feito porque o que está feito é você. Trabalhe agora. Faça de você aquilo que você quer ser. Porque você pode. Porque você merece ser melhor. Então, refaça você.

> “O importante não é aquilo que fazem de nós, mas o que nós mesmos fazemos do que os outros fizeram de nós.
>
> Jean-Paul Sartre”

Desculpa Não Desculpa

44

Você conhece aquela pessoa caída, para baixo, que pede para deixarem que ela morra ali mesmo, porque pelo menos está deitada? Aquela pessoa que, por maior que seja o encorajamento que você dá, diz que não se aplica ao seu caso. Aquela pessoa que diz que o problema dela é sempre outro. E o que é pior: esse tipo de pessoa sempre coloca a culpa pela sua baixa autoestima em coisas externas. Ela nunca percebe que é a causadora do seu baixo-astral. Ela nunca presta atenção nas palavras. Se é **auto**estima, então é a estima própria. É algo interno, não é externo. Por que, então, deixa baixar? Por que não valoriza? Por que você reclama das coisas externas, hein, ô? Está dentro de você!

Eu sei que você já está aí se defendendo: "É que, no meu caso, é diferente. É que você não sabe...". Não é diferente, não! Você é que está fazendo diferente! Você é que pegou essa mania de reclamar! É sempre os acontecimentos que são culpados! É sempre culpa das outras pessoas! Sai dessa, ô! Quem é o seu dono? De quem é a vida que você está vivendo? Ora, se você é dono da sua vida, por que deixa que a regulagem dela fique por conta dos outros? Fica aí se acabando em autocomiseração enquanto os outros crescem lá fora! E ainda se desculpa! E ainda culpa os outros! Sem essa!

Eu sei que não é fácil conviver bem com muitas pessoas hoje em dia. As pessoas estão muito arrogantes, incompreensivas, dadas ao desacordo. Por mais que a gente tente apelar para a política da boa convivência, sempre aparece um estraga prazeres. É verdade, é difícil. Difícil, mas não impossível. Olha, eu vou lhe ensinar uma coisa muito simples. Simples, mas poderosa: Entre o desejo e o alcance, há apenas dois moradores, o esforço e a determinação. Isso quer dizer que você tem que querer primeiro. Depois é fácil, é só colocar o esforço e a determinação e alcançará o que deseja. Mas, enquanto ficar aí se desculpando, enquanto ficar aí culpando as outras pessoas conseguirá apenas o que deseja! Esse baixo-astral danado! Pare com isso! Suas desculpas não desculpam o seu proceder! É você quem manda na sua vida! É você quem dirige a sua vida! Por que, então, se afetar pelo que outros fazem ou falam?! Você pode sair dessa de viver reclamando dos outros! Pode! Com esforço e determinação! Porque desculpa não desculpa.

> Entre o desejo e o alcance, apenas dois moradores, o esforço e a determinação.
>
> Provérbio chinês

A Escolha é Sua

45

Você pode escolher. A liberdade de escolha é a maior liberdade que você tem. Em coisas simples, a maioria das pessoas não tem dificuldade em escolher. Mas tem uma imensa diferença em fazer as escolhas que moldam a vida. Você pode não perceber, mas, muitas vezes, depende de outros para decidir por você. Se não depende, pelo menos permite. Isso porque as escolhas mais simples que vai fazendo a cada dia determinam as escolhas mais importantes do amanhã. E, quando elas chegam, muitas vezes ficam pesadas. E é aí que não se escolhe, mas se dirige pela lei do menor esforço. Escolhe-se o mais fácil agora para viver o mais difícil depois. Essa tendência é, no mínimo, ma-ca-bra...

Você pode escolher sempre! Você pode escolher o melhor! Você pode escolher a sua vida! Você pode escolher o seu caminho! Não escolhe o melhor porque é mais difícil, às vezes! É a lei do menor esforço! Mas você precisa entender que as escolhas de hoje serão os resultados de amanhã! E chegar a bons resultados não é nada fácil! Para chegar ao cume do monte, é preciso escalar a encosta! E o caminho é de pedra! Mas vale a pena chegar, hein? Só quem chega sabe! E você nunca vai saber se ficar estirado em uma espreguiçadeira! Nunca vai saber se ficar só desejando e nada fizer para conseguir! Nunca vai saber se não fizer a escolha certa e partir para a luta para conquistar! O prêmio é para os vencedores! É para quem escolheu competir e ganhar! Puxa vida! A culpa das suas escorregadas não é dos outros, não! E, se for, não adianta ficar caído reclamando! É preciso se levantar e voltar à luta! A escolha é sua!

Escute aqui, a única certeza que você possui é que a vida acabará algum dia. Você só não sabe quando. Você pode escolher. Você pode escolher viver a passagem da vida ou passar pela vida sem viver. Lembra disso? Pois é, a escolha é sua. Então escolha essa viagem maravilhosa, emocionante! Vale a pena viajar pela vida. É bem melhor do que ficar apenas olhando a vida passar. Em vez de reclamar da tempestade, enfrentar o perigo e usufruir depois a calmaria. Em vez de viver reclamando dos males do mundo, viver para produzir o seu mundo sem males. Em vez de esperar por uma herança de cinzas, fazer sua fogueira para usufruir o calor das chamas. Sim! Você pode viver melhor! A escolha é sua.

> Quem não troca o conforto pela luta ainda não entendeu que não existe escolha sem perda.

A Depressão Passou

46

Quando você nasceu, não tinha nenhuma consciência do futuro, menos ainda do passado. Na verdade, não tinha consciência nem do presente. Em pouco tempo, a vida passou a ser apenas o agora. Sem nenhuma preocupação, você vivia cada segundo sem consciência do instante seguinte. Você era criança e, como tal, vivia a vida. Sem preocupações e sem temores. Não tardou muito e lhe mandaram para a escola, pois precisava alicerçar o seu futuro. De mansinho, sem que percebesse, o seu presente foi sumindo.

Muito bem, o tempo não espera e logo você já se via perdido em recordações, voltando no tempo e revivendo dores e amores. Sim, você já tinha passado. E parece que também já havia passado, pois vivia mais do que fora e menos do que era ou seria. Em qualquer dificuldade ou fracasso, o verbo passou a ir para o passado, falando do que fez... falou... viveu... Parecia que o passado sempre era melhor do que o presente. E o futuro, empanado por essa visão tacanha, sempre mais escuro e difícil.

Esse é o grande problema dessa humanidade complicada, perdida em tantos desacertos e incertezas. Grande parte da culpa cabe à maneira de viver os tempos da vida. Investir no que foi perdido é certamente perder duas vezes. Como já dizia a sabedoria popular: "Não adianta colocar remédio na boca de defunto". E o passado passou, morreu. Mas o ser humano está sempre a se perder no que perdeu, revivendo seus traumas e alívios, suas infelicidades e alegrias, seus acertos e desacertos. Tudo isso quando há um futuro inteiro à frente para ser construído. Mas você insiste em usar os verbos sempre no passado. Continua com aquela lamúria: "Eu queria", "Eu podia", "Eu fazia". Puxa vida! Que tal mudar o tempo dos verbos? Por que não diz: "Eu quero", "Eu posso", "Eu faço"? Sabia que o passado é o tempo dos deprimidos? Pois é! É isso que deixa você caído tantas vezes! É o que consegue dizendo que não tem jeito! Dizendo que não dá! Não dá mesmo! Você diz que não quer, que não pode, que não faz!

Dependendo da sua situação, pode ser que precise de ajuda profissional. Tudo bem, mas, pelo menos, diga: "**Eu vou** procurar ajuda". Diga o que fará, não o que fez. O que fez está feito... Ou desfeito. O passado levou. O restante da sua vida está no futuro. Caminhe para lá. Diga: "Eu quero", "eu posso", "eu faço"! E no futuro breve verá que a depressão passou...

> "Viver do que foi é estar morto; viver do que é é comodismo; viver do que será é sagrar-se vencedor."

O Espinho da Rosa

47

Como é bom passear por um jardim florido! É um deleite para os olhos aqueles canteiros de rosas multicoloridas. Aaaah, a vida bem que podia ser assim, não é? Um jardim de rosas. Mas infelizmente ela não é... Espere aí. A vida **é** um jardim florido. A vida é bela. Por que tantos, então, seguem chorando pela vida afora? É porque estão arranhados pelos espinhos da vida. É isso! Aí está a diferença no caso de uns e outros. A rosa e o espinho.

Você sabe que todas as mulheres gostam de receber rosas de presente. E homem também. Muitos não admitem por machismo. Mas você já viu aquela pessoa para quem o céu está sempre nublado? Para quem a tarde parece sempre escura? A essa pessoa, se você der uma rosa para animar um pouco, ela não vai aceitar. Sabe por quê? ELA VAI RECLAMAR DOS ESPINHOS! É assim! O Sol está radiante, mas ela só vê as nuvens! A tarde está cor-de-rosa, mas ela só sente a escuridão! A rosa é linda, mas ela só vê os espinhos! É a moleza frente às durezas da vida! É a falta de reação! A falta de olhos para o belo!

Um é assim devido àquele relacionamento que não deu certo. Outro porque está desempregado. Ainda outro porque o dinheiro está curto. E mais um porque... porque... sei lá! Cada um arruma a sua razão. Mas... perceba bem: ARRUMA a sua razão.

Arruma sim, porque não existe razão para não ser feliz! Não há razão para não viver a sorrir! A vida é bela! O mundo é maravilhoso! E só não é melhor porque há pessoas que reclamam! Tem gente que acorda a cada dia sem despertar! Sem despertar para a vida! Sem ver seu semelhante como ele é: imperfeito sim, mas seu semelhante! Gente que ainda reclama do espinho da rosa sem admirar a sua beleza! Gente que passa pela vida sem viver. E o que é pior: gente que ofusca a beleza da vida dos outros. Será que você é assim? Se é, tem que mudar! Tire o daltonismo* desses olhos! Enxergue o colorido que há em volta de você! Reaja e resolva! Pare de reclamar dos espinhos! Veja a beleza da rosa!

É verdade que a vida não é fácil. Está abarrotada de dificuldades. Mas entenda que a vida **é** um mar de rosas. Só que as rosas também têm espinhos. Então aprenda essa profunda lição:

“Até mesmo sobre uma haste coberta de espinhos desabrocha uma linda flor.”

*Distúrbio da visão que impede a percepção correta das cores” (ou “o discernimento correto”).

Autossuficiência 48

O que é que você quer da vida? O que é que você quer do futuro? O que você quiser, já sabe: tem que ser conquistado. Prêmios são para vencedores. E vencedores são os que disputam. São os que buscam com garra. São os que participam. E participam para vencer. Mas tem que ser sem perder o sentido da disputa. Sem perder o sentido da vida. Do contrário não terá vencido. Então tome cuidado. Não seja derrotado por uma vitória.

O que estou tentando lhe dizer é que não se pode perder a vida em troca do prêmio. Não se pode deixar de viver para viver só depois da vitória. Você tem que ser feliz com o resultado da sua vida atual! Com o resultado da sua disputa! Não importa qual seja! Toda disputa gera dificuldades! A disputa pela vida também! Lamentar as dificuldades não resolve! É preciso vencê-las! E, para vencê-las, é preciso ser feliz! Sim, só a felicidade é capaz de gerar alívio! Só a felicidade é capaz de levar à vitória! O erro é querer vencer para ser feliz! É preciso ser feliz para vencer! ... Agora eu vou lhe ensinar um segredo. O segredo da autossuficiência. Você sabe o que é isso? E por que é um segredo? É a capacidade de se bastar a si mesmo. A capacidade de estar bem em quaisquer circunstâncias. A capacidade de sorrir quando tudo vai bem. E quando tudo vai mal, sorrir também. É um segredo porque poucos a conhecem.

O autossuficiente não tem um vazio dentro de si. Ele está cheio! Ele quer mais, sim, porque sabe que vai precisar! Mas está feliz com o que tem agora! Não reclama da pessoa que tem ao lado! Ele louva as qualidades dela! Não reclama daquilo que quer e não tem! Ele agradece aquilo que tem! E parte para a conquista daquilo que quer e não tem! E parte feliz, porque sabe que vai conseguir! Porque sabe que pode! Porque é autossuficiente! ... Olha, se você não adquirir essa capacidade, jamais estará contente. Jamais será feliz. Isso porque não há fim das conquistas. E nem pode haver, senão se perderia o sentido de lutar. Nenhuma vitória será a última. Nenhuma conquista será final.

Entenda que nenhuma posição ou riqueza trará felicidade. É a felicidade que trará posição e riqueza. Aprenda o segredo da autossuficiência. Seja feliz com o que tem... E conquiste o que quer.

> “Rico não é o que muito possui. É o que de nada carece.”

Raciocine!

49

Dias atrás eu li uma crônica que me fez refletir. Conta que parentes pressionaram certo índio a praticar uma religião. Ele resistiu veementemente. Quando seu filho jovem tentou convencê-lo, ele despejou uma profunda lição. Explicou que acreditava, sim, em Deus, mas não entendia certas coisas. Raciocinou com o filho: "Como posso entender que esse Deus de que falam é um só e ao mesmo tempo é três? Não, meu filho. O meu coração não pode aceitar o que a minha mente não pode entender."

Fantástico! Pura expressão da sabedoria! Não estou aqui acusando nem defendendo questões de crença. O que me levou à reflexão foi a profundeza da razão. "O meu coração não pode aceitar o que a minha mente não pode entender".

Pode ser esse um dos maiores problemas do ser humano. É isto: o ser humano está a cada dia raciocinando menos. Está sendo moldado por uma pressão tremenda que o comprime. Que o transforma naquilo que o sistema quer. Especialmente os espertos sabem que o ser humano reage mais à base da emoção. E se aproveitam disso para comprimir as pessoas no seu molde. Está errado! Mude essa direção! Escape desse molde! Não se renda a essa pressão! Aprenda a separar a emoção da razão! É o raciocínio que dita a razão! E é a razão que impera! Não acredite no que lhe está sendo imposto! Não acredite só porque alguém em autoridade falou! Procure a base do que ouviu! Não compre o produto porque a embalagem diz que é saudável!

É interessante que a maioria das decisões é tomada à base das emoções. E, na maioria das vezes, as emoções não brotam da razão. Não vieram do raciocínio. A cada dia que passa, as pessoas estão permitindo que outros tomem suas decisões. Está errado, poxa! Você é você! É você quem vai assumir as consequências dos seus atos! É você quem vai pagar o preço! E o preço pode ser muito alto! Aprenda, portanto, a usar o raciocínio! Pense mais! Avalie mais! Pesquise mais! Em qualquer campo que seja, não acredite só porque outro falou! Cientista erra! Religioso erra! Governante erra! O homem erra! Procure você o acerto! Procure você a base para a sua construção! Para a construção da sua personalidade! Construção do seu futuro! Do seu ideal! Construção de você!

É simples assim. Separar mente e coração, emoção e razão. E fazer a escolha certa. Raciocinar para aceitar. Raciocinar para acertar. Afinal...

> “O seu coração não pode aceitar o que a sua mente não pode entender.”

Como o Pôr do Sol

50

Poucas coisas são mais magníficas do que um lindo pôr do sol. É pena que dure apenas uns poucos minutos. Por mais bonito que seja, passa depressa e lá vêm as sombras da noite a tudo escurecendo. Não é diferente com as coisas da vida. Por mais belas e prazerosas que sejam, passam depressa. E assim como as noites são bem mais longas do que o colorido do pôr do sol, as dificuldades são maiores do que os prazeres. É por isso que você se sente mal, às vezes. É por isso que você deixa cair seu astral. É por isso que você anda se arrastando, sentindo o peso de tudo. Mas o caso é que ainda não consegue aprender com as boas lições da natureza! Ainda não aprendeu a ver a razão das coisas que acontecem ao seu redor! Acorde para a vida! Preste atenção! Aprenda com as coisas simples o segredo do que é complicado!

É aí que está o segredo do bem viver. O segredo da cabeça erguida. O segredo do sucesso. É verdade que há mais dificuldades do que prazeres. Mas esse é o desafio que faz de você o herói, que faz de você o vencedor. Toda pessoa que vence passa por isso! Esse vencedor, esse herói que você tanto admira, também passa por isso! A diferença é que esse vencedor não desistiu! Esse vencedor não desiste! Ele não lamenta que o pôr do sol tenha passado tão depressa! Ele não lamenta que venha agora uma longa noite escura! Ele aproveita a noite para descansar, para recobrar as energias! Ele sabe que terá outro dia e que terá que vencer outra vez! Ele nem vê a escuridão da noite! Ele nem sente o peso das trevas!

Por que você não aprende com os vencedores? Por que você também não se torna um vencedor? Na verdade, você é um vencedor! Está vencendo até hoje! Já passou por tantas dificuldades, por tantos problemas e está seguindo! Está vencendo! Então não lamente que seja curto o deleite com um lindo pôr do sol! Não lamente a chegada das trevas! Aprenda a tirar delas o devido proveito!

Altos e baixos. Alegrias e tristezas. Dias e noites. Isso é a vida. Mas é isso que faz a vida acontecer. Assim como na vida, a beleza do pôr do sol cede lugar à escuridão. E é isto que ensina a lição: há sempre uma noite escura para cada amanhecer. O Sol voltará depois da noite. Assim como as boas coisas da vida. Mas você terá de viver e conquistá-las!

> “Apenas depois de uma noite escura você pode se deleitar com a beleza da aurora.”

Impossível é Não Tentar

51

Todo mundo dizia que era impossível. Aí apareceu aquele cara que **não sabia** que era impossível, foi lá e fez. É assim. Impossível é o que ainda não se tentou. Então faça o seguinte: pegue a palavra "impossível". Molde as letras em madeira. Aí, meta um chute bem acertado nesse "im" e mande pra bem longe. Pronto. Agora ficou beleza. Deixe o que restou bem à sua frente o tempo todo. Reparou? Agora tudo ficou "possível". Isso não é brincadeira, não! É assim mesmo! Tudo pode ser possível! Depende de você!

Quando o homem disse que voaria, disseram que era impossível. Alguns riram muito, outros o chamaram de louco. Quando disseram que chegariam à Lua, o mundo duvidou. Muitos ainda não acreditam que aconteceu. Quando um grande astrônomo do passado disse que a Terra se movia, foi ameaçado de excomunhão pela sua religião. Achavam que era impossível. É assim, tudo que ainda não foi feito causa medo. Parece ser impossível.

Na verdade, a palavra é muito mais o acerto do comodismo do que impossibilidade. Para que tentar? É mais fácil dizer que é impossível. E você aprendeu esse mau exemplo, não foi? Você também anda dizendo que é impossível, é? Sai dessa! Você está vendo gente fazendo coisas todos os dias! Gente que realiza!

Gente que acontece! Gente que vence! E continua aí dizendo que não dá? Achando que é impossível? Ainda não tirou essa palavra do seu vocabulário? Ainda não deu um chute no "im"? Para com isso! Se não tentar, não vai dar mesmo!

O homem caiu muitas vezes de bico no chão, mas um dia conseguiu voar! O homem explodiu muitas naves, mas conquistou o espaço! A religião daquele astrônomo teve que se desculpar, porque se provou que a Terra se move, sim! Não é impossível, não! Impossível é não tentar! Impossível é aceitar o domínio do sossego! Impossível é se acomodar na falta de esforço! Impossível é você achar que não pode, que não consegue! Que não dá! Impossível é ainda achar que as coisas são impossíveis! Impossível é o que não se tentou!

Olha aqui, preste atenção. Perceba quanta coisa "impossível" já aconteceu na sua vida. Quanta coisa "impossível" você já fez. Você nasceu! Você cresceu! Você é uma pessoa! E é uma pessoa incrível! Ou será que é uma pessoa impossível? É isso! Você é uma pessoa impossível! Ninguém é como você! Não existe ninguém mais como você! Você é impossível! O resto... Tudo é possível...

> "Não sabendo que era impossível, ele foi lá e fez."
>
> Jean Cocteau

Humano é Aprender

52

Impressiona, às vezes, ver como as pessoas se conformam a coisas ou situações. Parece que é normal se acostumar com as coisas do jeito como elas vão acontecendo. Erros são cometidos todos os dias, todas as horas. Muitos entendem que é normal. Até já criaram a ideia que errar é humano. E por trás dessa afirmação de conformismo, continua a humanidade vivendo em erro. Mas será mesmo preciso errar sempre? Será mesmo preciso errar para aprender? Às vezes, sim. Em alguns casos e para algumas pessoas, é errando que se aprende. Mas é muito sofrimento, não acha? É preciso queimar a mão para saber que o fogo é quente? É preciso passar pela experiência para aprender? Isso é sofrido. A experiência é uma professora muito severa. Primeiro ela aplica a prova e só depois ensina a lição. Não dá para aprender a lição sem ter que passar pela prova? Dá sim! E você pode aprender como! É só prestar atenção!

É muito fácil sair por aí cometendo erros e dizendo que errar é humano. Mas isso não desculpa seus erros! O que foi feito errado está errado e pronto! Você errou! A única maneira de consertar a situação é não errar mais! Tome mais cuidado! Aprenda! Só erra quem não acerta! E você quer acertar, não quer? Você quer vencer qualquer tipo de prova! Você quer sair-se vencedor! Então aprenda para não errar! Já disse um sábio pensador Martin Vanbee que é melhor *aprender com os erros dos outros, pois não viverá o bastante para cometer todos os erros*. Tamanha sabedoria, não? Se você aprende com os próprios erros, jamais aprenderá tudo. Não viverá o suficiente.

Por isso, aprenda a prestar atenção à sua volta. Aprenda com os erros dos outros! Isso é sabedoria! Observe por que foi que a outra pessoa caiu. No que que ela tropeçou, por que ela tropeçou. Não é o caso de andar por aí criticando todo mundo, mas é o caso de aprender a acertar. É natural que todo mundo erre. Quando a falha vem da imperfeição, não tem outro jeito. Todos falhamos. Mas sem essa de desculpar o erro porque todo mundo erra! Sem essa de se conformar com o erro! O erro do outro não diminui o seu! Sem essa de não se esforçar para melhorar porque er-rar-é-hu-ma-no...

Na verdade, quem não aprende com os próprios erros é tolo. Quem aprende com os próprios erros é inteligente. Mas quem aprende com os erros dos outros é sábio.

> “O homem inteligente aprende com os próprios erros. O homem sábio aprende com os erros dos outros.
>
> Platão”

Sem Preconceito

53

Enquanto a cor da pele for mais importante do que o brilho dos olhos, haverá guerra nesse mundo. Essas palavras são do grande Bob Marley. Ele não foi grande por essas palavras apenas, mas pelo trabalho gigante. Cresceu mais ainda pela sua luta contra o preconceito em geral. Ele acreditava que o mundo teria paz se acabasse de vez e de verdade com essa doença. E não foi só Bob Marley. Os maiores pensadores e mestres do mundo jamais concordaram com essa raiz venenosa. Não concordaram, não ensinaram e jamais praticaram. Jamais fizeram distinção entre as pessoas por qualquer que fosse a diferença aparente. E você, já baniu de vez esse sentimento amargo e danoso do coração? Varreu mesmo do peito essa erva daninha que tem arrasado a humanidade por tanto tempo? Está mesmo livre dessa arma sem alma que tanto destrói? Essa arma mortífera que derrama tanto sangue! Essa arma violenta que deixa orfanadas as nossas criancinhas! Essa arma insana, incoerente e insensata que endurece corações e mata com frieza!

O preconceito ainda é a força principal que motiva o ser humano ao que é imprestável. Tanto se fala sobre ele, tanto ele é combatido, criticado. Mas tudo parece resultar em adubo. Tudo parece resultar em vitamina. Ele só cresce. Parece que o ser humano nasceu da inveja, do ciúme, da ganância. Tudo isso gerou nele a ideia de que é superior. Se você é grande mesmo, sabe elevar os outros à sua altura! Se você é melhor mesmo, sabe lapidar os outros para que também sejam melhores! Se você é mais mesmo, sabe dar a quem é menos para contrabalançar as diferenças... e serem iguais. Porque ser iguais é o que faz a diferença.

É hora de acabar com isso. Olhe pra você. Quando diz que não tem preconceito, está falando sério? Fala mesmo de coração? É hora de analisar bem, porque virá a hora em que necessitará de apoio da mão que você desprezou. Aprenda a olhar além do que seus olhos veem! Veja abaixo das peles diferentes um esqueleto de ossos brancos e iguais! Veja o mesmo sangue vermelho correndo nas veias! Veja no crânio a mesma massa cinzenta pensando, criando, amando, odiando, assim como você! Veja no peito o mesmo coração pulsando, na mesma intensidade, no mesmo ritmo, na mesma força, buscando a mesma paz que você tanto quer... E que muitas vezes não tem porque ainda tem preconceito...

> “A chuva cai. O ar existe. O sol ainda se levanta a cada dia. E isso sobre todas as pessoas. Será que há diferença?”

Astro Rei

54

Você vai correndo pela vida, lutando, ganhando, vencendo. É isso aí! Força! É para frente que se vai! Não tem essa de ficar esperando pelo tempo! Ficar esperando pela estiagem! Vai na chuva mesmo! Se o furacão se abateu, é preciso sair dele, não é? Não tem outro jeito! Ainda bem que você é desses que saem para vencer! Isso é que é caminhada! Isso é que é corrida de vencedor!

Mas, venha cá. De vez em quando não dá uma irritação danada por fazer tanto e não ser reconhecido? Fazer o melhor que pode e ainda reclamarem? É, pode ser que isso aconteça. Mas não liga não, viu? Continue na corrida!

Muitas vezes, a falta que você sente de reconhecimento não é real. Ela apenas existe de modo aparente. O problema é esse desejo inerente ao ser humano. O desejo de reconhecimento. Em alguns casos é mais forte, é o desejo de aclamação. Da confirmação do sucesso. Mas o mais importante não é o reconhecimento dos outros, mas a sua realização. Você sabe o que está fazendo, você sabe o valor que tem. Essa é a parte mais importante.

Se você, às vezes, se sente um tanto pra baixo por falta de reconhecimento, acorde mais cedo. Vá lá fora e veja o Sol nascer. Repare no espetáculo, no show magnífico! Quando o Sol começa a mostrar o seu vermelho intenso, aumentando em muito a beleza do momento, pense um pouco. O que a maioria das pessoas está fazendo? Ora, ainda está dormindo! Ou então já está se deslizando por aí no seu corre-corre de cada dia! O astro rei dá o seu *show* gratuito e ninguém liga! Ninguém vê, ninguém reconhece! Ninguém se lembra ao menos que tem vida porque o Sol nasce a cada dia! E ele segue calado pelo meio do céu na sua trajetória de glória. Ele não precisa de aplausos. Ele não precisa de reconhecimento. Ele sabe que o mais importante é desempenhar bem o seu papel. Qualquer hora alguém vai notá-lo.

Então vá lá você também. Faça o seu melhor! Cumpra o seu papel! Você está realizando muita coisa boa! Precisa mesmo estar em evidência? Precisa mesmo de autoafirmação? Nada disso! Você é o que você é! E você é grande! Você sabe que pode! Você vai vencer! E isso é o que interessa! Afinal, ninguém aplaude cada nascer do sol. Mas ele segue dominando o dia. Ele segue dando vida. Ele segue brilhando. Ele sabe que é o astro-rei. E isso é o que interessa.

> “O Sol dá o seu show magnífico e gratuito a cada manhã, mas a maioria ignora e permanece dormindo.”

Sua Construção 55

É certo que a cada dia que passa vai ficando mais difícil manter bons relacionamentos. Não é possível ser otimista com algumas coisas. A realidade mostra que o ser humano se distancia cada vez mais um do outro. Casais encontram dificuldades em seu relacionamento. No local de trabalho não é diferente. Na escola é igual. Na vizinhança, com os parentes, tudo vai se complicando. Na verdade, o problema pode residir em coisas simples... Ou a solução dele. Você sente essa dificuldade atual? Percebe que cresce esse aperto nos relacionamentos? Sofre com isso?

Muitas vezes, você não encontra a solução porque gosta do problema. A solução parece prender. A solução parece tirar o prazer. A solução parece mais cara. Mas não é verdade! O bom relacionamento depende de você! Pelo menos em grande parte! É você que constrói o bom relacionamento! Ah, não é, não? Então preste atenção. Quando falo em construção, você se lembra do trabalho do pedreiro, não é? Entre os materiais de construção do pedreiro encontramos um monte de tijolos. Ele pode usar esses tijolos de duas maneiras. Pode construir com eles um muro que separa ou pode construir uma casa que abriga. Uma casa que aconchega. Uma casa que une mais ainda as pessoas dentro dela.

Na sua construção diária, os tijolos que usa são suas ações. Elas podem separar ou unir. Depende do uso que está fazendo delas. Então pare de pensar tanto em você mesmo! Pense em quem está perto de você! Coloque nome nos seus tijolos. Tem um tijolo chamado "sorriso" que é excelente para construir bons relacionamentos! Outro chamado "bom humor"! Outros são chamados de "cumprimento", "compreensão", "empatia", "paciência" e outros parecidos. Um deles se encaixa em qualquer ponto da sua construção. Chama-se "amor". O problema é que esses tijolos estão ficando cada vez mais raros. Mas você os possui! Tem todos eles! Aprenda a usá-los, então! Saia dessa de cara dura, de falta de humor! Aprenda a sorrir de tudo e com tudo! Cumprimente cada pessoa! Compreenda quando não puder entender! Tenha paciência! Sinta a dor do outro para ver como machuca! Ame acima de tudo, puxa vida! Você quer se dar bem com as pessoas que ama, mas começa construindo um muro que separa? Sem essa! Aprenda a construir uma casa que abriga! Você tem os tijolos! É você quem dirige a sua construção! Se ela for bem-feita não se afetará com os defeitos da construção do outro! Pare, então, de construir muros que separam. Construa casas que abrigam.

> "Com o mesmo monte de tijolos você pode construir uma casa que abriga ou um muro que separa."

Indecisão Mata

56

Você não sabe se vai ou se fica. Se veste azul ou se vai de rosa. Se come agora ou se deixa pra depois. É difícil decidir, não é? É, mas não é só você, não. Tem gente que acha que seria mais fácil viver se não fossem as decisões. Pode ser. Mas não tem outro jeito. Você precisa tomar decisões a toda hora. Umas mais simples, outras mais difíceis. Mas são decisões. E esperar pra decidir pode ser perigoso. Entre as coisas que nunca voltam se encontra a oportunidade perdida. É só pestanejar e lá se foi. Depois não adianta lamentar. O que precisa é aprender a tomar decisões. Perder o medo do resultado.

O que leva você a ter dificuldade para tomar uma decisão não é a falta de decisão. É o excesso de opções. Escolher entre tomar água ou um refrigerante não é tão difícil. Escolher entre uma variedade de trinta tipos de suco já é diferente. O que pesa mais, porém, é o temor do que se vai perder pela escolha feita. É aí que reside a maior força do problema. Mas não tem jeito. **Não há escolha sem perda!** Se você escolher a loira, vai perder a morena. Se você optou pelo ruivo, vai ficar sem o branquinho. O que você precisa é sair da indecisão! Não dá para ter tudo na vida! Você é um só! De todo jeito vai perder pela escolha que fizer! Aceite isso! Você não tem escolha! Tem que escolher escolher!

Estranho, não? Mas é isso mesmo. Você tem que escolher escolher. Não pode escolher fugir da escolha. Precisa aprender a avaliar onde vai perder menos. E onde é que vai ganhar mais. E precisa aprender a escolher depressa. Em alguns casos, a indecisão pode até matar. Mas em todos os casos ela pode fazer perder. O indeciso perde tempo. Gasta o tempo pensando na escolha. O indeciso perde oportunidades. A oportunidade para ele é dúvida. O indeciso não chega a lugar algum. Ele não sabe escolher um caminho. Fora com essa indecisão! Não se pode acertar sempre! Não se pode ter certeza antes do resultado! Não se pode ganhar sempre! Perder não significa ser derrotado! Pode fazer parte do aprendizado! Então escolha a oportunidade!

Você não precisa de indecisão. Decida o que é melhor para você. É seu esse direito. Alguma coisa você vai perder de qualquer jeito.

> “Não existe escolha sem perda.”

Aqueça o Inverno

57

Depois de um longo e tenebroso inverno o sol voltou a brilhar novamente. Você já ouviu isso muitas vezes. Aí está uma boa demonstração de como a sua visão afeta a sua vida. Geralmente, o inverno é associado com a frieza de sentimentos, com desilusões e frustrações. Sempre com coisas frias, melancólicas. Mas por que é assim? É resultado do modo de ver.

A primeira vez que eu vi neve em minha vida, fiquei extasiado. Olhando para baixo na rua, vi uma cena ímpar. O vento soprava manso e parecia mais que tufos de algodão caíam aos montes sobre a terra. Ao se aproximarem, eram soprados pelo vento e desenhavam todos uma curva idêntica, flutuando por vários metros acima do solo até tocarem suavemente o chão. Logo, a atmosfera foi tomada por um branco só, completo, total. Simplesmente não há possibilidade de descrever o misto de admiração e assombro que tomou conta de mim naquele dia. Era beleza demais para se contemplar. E aí um fato curioso. Eu detesto sentir frio. Mas naquele dia não estava sentindo tanto. Parece que me aqueci com a beleza do momento. Entendi aí que o ser humano possui uma grande capacidade de adaptação. Nada é tão ruim. Você é que não vê o lado bom.

Sabe, na vida é assim. Você sempre reclama disso ou daquilo. Mas é porque não aprendeu a ver o lado bom. Ele sempre existe. Quando você cai, ganha a oportunidade de se levantar. Quando você tropeça acaba sendo impulsionado para frente. Quando sente dores, terá a alegria do alívio. E assim vai. Não reclame, então, poxa! Olhe o outro lado! Procure o que há de bom nele! Se não tem nada de bom, tem de bonito! Está no outono da sua vida? Então faça a primavera! Deixe tudo colorido à sua volta! O frio do inverno está incomodando? Abra a porta da sua fábrica de calor humano! Não fique encolhido dentro de casa! Veja a beleza que toma conta do mundo lá fora! Pare de reclamar!

Não tem nada de negativo na natureza nem na vida. Negativo existe na mente humana. Na visão tacanha de quem olha e não vê. A vida é assim como ela é. É você que a faz ser negativa ou positiva. É assim como o inverno. É frio demais. E o frio incomoda. Mas...

> “É melhor aprender a admirar a beleza da neve do que reclamar do frio que ela traz.”

Saudade Não Mata

58

Iiiiiih, aí vem aquele chorando pelos cantos. Está desiludido, coitado. Está amargando uma saudade danada. O grande amor da sua vida está distante. Que solidão! E ali vem mais um reclamando da mesma situação. Mas quem foi embora é o seu melhor amigo. E tem outro ali mais afundado ainda. A falta da família está pesando muito. E assim vamos encontrando por aí pessoas morrendo de saudade. E você também, não é? Claro, quem é que não sente saudades? Só quem nunca viveu. Quem nunca amou. Quem nunca usufruiu uma boa amizade. Ter saudade é normal. O que não pode é ser consumido por ela.

É sempre aquela história de como encarar a vida. Como encarar os acontecimentos. Algumas coisas são inevitáveis, não tem jeito. A mãe produz o filho a duras penas. Mais duras ainda são as penas para bem criá-lo. Mas ela sabe desde o princípio que vai perdê-lo um dia. Vai ficar a saudade. O seu amigo não poderá viver da amizade de vocês. Um dia terá que partir. Ou será você. Mas e se for o grande amor da vida que foi embora? Aí o poeta Vinícius de Moraes já ensinou a lição: "que não seja eterno, posto que é chama/mas seja infinito enquanto dure". É isso. Se a saudade vai ficar, por que a vida tem que ir? Nada disso! A solidão não é a falta de pessoas à volta! É um sentimento negativo!

Tem gente solitária na multidão! Assim como tem gente sozinha sem solidão! Então reaja aí! Desperte para a vida! Saia dessa! Tem um mundo de gente aí fora esperando por você! Querendo conhecer você! Querendo ver você feliz! Então pare de choramingar pelos cantos! Se quer recuperar o perdido, tem que procurar! Se a questão é só esperar o regresso, terá que viver até lá! Mas não se isole! Quem se isola tromba na sabedoria! Quem se isola se deprime! E depressão não é para você! Você sabe vencer o sentimento! Você sabe cobrar a razão! Você sabe que supera!

Algumas dificuldades existem para trazer as facilidades. Do mesmo modo acontece com algumas tristezas. Elas existem para trazer as alegrias. Certas coisas são necessárias. As rosas precisam dos espinhos. As estações precisam do inverno. O regresso precisa da partida. Esse reconhecimento é o melhor antídoto contra a solidão. E ela precisa ser combatida. Porque solidão mata. Mas saudade não.

> “É necessária a dor da despedida para que haja a euforia do reencontro.”

Uma Vida Só

59

Tem gente que vive a vida como se fosse a primeira de uma série. É, vai vivendo como se tivesse várias vidas. Parece que alguns pensam que a vida que têm é apenas um ensaio. E vão vivendo a vida de qualquer jeito. Ou melhor, vão... mas **não vai vivendo a vida.** É, bom pensar nisso porque a vida passa. O célebre Charles Chaplin já deu esse bom conselho. Ele nos lembrou que *a vida é uma peça de teatro que não permite ensaios. Por isso chore, cante, dance, ria e viva intensamente, antes que a cortina se feche e a peça termine sem aplausos.* É isso mesmo. Tem muita gente que vai ver a cortina fechar sem ser aplaudida.

É certo que nem sempre é fácil. Pelo contrário, às vezes é muito difícil. Mas observe que o conselho envolve chorar. Sim, chorar faz parte. Mas chore vivendo. Chore porque doeu. Mas a dor não mata. Então não desista! Então não lamente! Aprenda com a dor! Ela ensina! E aprender é viver! Quem não aprende erra! Mas quem busca lições aprende! As lágrimas são a demonstração da dureza do aprendizado! Mas o sorriso é a coroa de quem aprendeu! Chorar faz parte! Mas não chore morrendo! Chore vivendo!

Cantar continua espantando os males. Dançar continua fazendo bem à saúde e alegrando o peito. Sorrir ainda é o melhor remédio. Isso é vida. Viver intensamente. Viver tudo que a vida traz. Viver tudo que a vida leva. Mas sem se deixar levar. Sendo você o autor da sua história. Ou vai deixar os outros escreverem o que eles quiserem? Nããão, sua vida quem escreve é você! Faça como muitos escritores! Escreva o final do romance! Depois vá compondo o resto que o levará a esse final! É assim que se faz! Essa peça não tem ensaio! Você tem que representar direto! Você tem que improvisar! Tem que fazer o melhor sem ensaiar! Por isso, escreva você! Seja você o autor da sua história! Aí fica mais fácil representar! Aí fica mais fácil viver intensamente! Viver a vida, não apenas passar por ela!

A vida é uma peça de teatro que não permite ensaios. Por isso chore, cante, dance, ria e viva intensamente, antes que a cortina se feche e a peça termine sem aplausos. Não escreva um final sem graça para a sua peça. Não importa quantas lágrimas haja no seu roteiro. O que importa é que quando a cortina fechar a sua plateia aplauda com fervor.

> A vida é uma peça de teatro que não permite ensaios.
>
> Charles Chaplin

Modéstia Tem Hora

60

A modéstia é uma virtude e é louvável. Se você é uma pessoa modesta, parabéns. É muito difícil conviver com uma pessoa presunçosa, pretensiosa, que sempre acha que é melhor do que as outras. Tudo que ela faz é perfeito, nunca erra. Quando erra a culpa é sempre de outro. A pessoa modesta, ao contrário, facilita as amizades. Reconhece que tem limites. Que por melhor que seja, ainda pode melhorar. Que por melhor que seja, pode encontrar outra melhor. A modéstia é louvável. Mas cuidado pra não se enganar. O modesto pode menosprezar a si mesmo. Pode diminuir seus valores.

A pessoa modesta pode perder a autoconfiança. Pode sentir medo de parecer convencida. Pode até temer enfrentar certas situações, pode estar sempre achando que outros são melhores. Que outros fazem melhor. Cuidado! Modéstia tem hora! Quando se tratar de mostrar o seu potencial, mostre! Quando a questão for provar o seu valor, prove! Não fique nessa de "É... acho que não sou tão bom assim", "É... acho que ele é bem melhor do que eu", "Acho que eu realmente não consigo".

Cuidado! Modéstia tem hora! Ou, melhor, tem o seu lugar! Você sabe que pode! Você sabe que consegue! Você conhece o seu valor! Você sabe o que quer! Então não tem nada que se rebaixar, não! Quem vai levar você aonde quer chegar é você! Não permita que suas qualidades façam aparecer seus defeitos! Não tenha medo de falar! Não tenha medo de fazer! Não tenha medo de errar! Não tenha medo e acertará! Não perca a oportunidade só porque é modesto! Só porque tem qualidades, ora!

Sei que você não quer sair por aí pisando nos outros. E nem eu quero isso pra você. Sei que você não é arrogante. A questão é que a modéstia pode levar você a estar sempre se minimizando. Estar sempre achando que não pode. Achando que não consegue. A modéstia está a um passo da timidez. É fácil confundir. Portanto, seja modesto, sim. A modéstia é louvável. Mas nada de fragilidade nas ações! Nada de timidez! Seja resoluto! Seja ousado! Parta pra cima! Ataque! Você sabe o que quer! Você vai conseguir! Você tem qualidades... Inclusive a modéstia...

Parabéns se você é modesto. Essa qualidade está ficando rara. É uma grande virtude. E virtudes devem ser cultivadas. Apenas tome cuidado. Não confunda com timidez ou outras fraquezas. Modéstia tem hora.

"A modéstia é louvável quando não coíbe valores."

Imite o Burro

61

Você também está achando difícil conviver com as dificuldades atuais? Está difícil suportar o ser humano? Difícil até se relacionar com os colegas de trabalho? É, não é só você que se sente assim. O relacionamento humano está mesmo cada vez mais difícil. Se você é honesto então, piorou. É gente que atrapalha o serviço dos outros, gente que se emprega para receber o salário, mas não trabalha direito. Gente que acusa os ladrões, mas rouba do patrão. Gente que abomina os corruptos, mas pratica a corrupção. É assim que anda a coisa. Mas não é só isso. Pessoas já não pedem desculpas. Já não pedem "por favor". Já nem cumprimentam os colegas. Tagarelice prejudicial é a ordem do dia. É, tá difícil.

Sabe qual é a melhor maneira de conviver com tudo isso? É imitando o burro. A ideia pode parecer estranha, mas é isso mesmo. Sabe por que o burro usa antolhos, o que alguns chamam de tapa-olho? Aquelas duas peças de couro colocadas uma de cada lado da sua cabeça e que cobrem os olhos. Pois é. O burro é um animal muito forte, pode transportar pesadas cargas, mas ele é muito arisco, qualquer coisa pode desviar sua atenção ou assustá-lo. Se isso acontecer, ele pode empacar ou sair numa desabalada carreira, mais parecendo ter enlouquecido. Usando antolhos, porém, ele não percebe o que ocorre ao seu lado, só vê a frente e, assim, sempre chega ao seu destino fazendo um bom trabalho.

Percebeu agora a razão do conselho? Sim, aprenda com o burro. Deixe de olhar para os lados. Você tem o seu objetivo. Já tem a sua pesada carga para carregar. Por que, então, se martirizar com o que os outros estão fazendo à sua volta? Se fixar os olhos no seu objetivo não verá as barbaridades que acontecem por aí. Pare de se preocupar com o que os outros fazem! Não adianta ficar preocupado com o que há de errado no mundo! A humanidade anda errada! E você não vai mudar isso! Você não vai vencer essa barreira de desonestidade! De maus serviços prestados! Se puder ajudar, muito bem! Caso contrário, cuide da sua vida! Preste atenção ao seu caminho! Já é pesada a sua carga! Não olhe para os lados! Importa a sua meta! Importa alcançar o seu objetivo! Pare de se importar com o que os outros fazem...

> "Olhe apenas para frente. Imite o burro e atinja o objetivo."

Não se Atrase

62

Será que você é um daqueles que não se incomodam muito de ficar para trás? Um daqueles que nem pensam em estar entre os primeiros? O que quer mesmo é continuar na maré mansa, sem maiores preocupações? Sabe, você não precisa ser o primeiro da classe. Isso depende de muitos fatores. Mas você precisa se preocupar em fazer o seu melhor. Ficar para trás pode ser perigoso. Ser o último, então, pode ser fatal. Pense um pouco.

Imagine você caminhando pelo deserto enfrentando uma terrível tempestade de areia. Um guia experiente está lá na frente guiando a equipe. Se você for o último da fila, correrá grande perigo. A menor vacilada poderá levá-lo a perder-se dos outros. Pode ser uma rajada mais forte de vento ou uma quantidade maior de areia. Os outros desaparecerão rapidamente na sua frente. A mesma situação pode acontecer em uma tempestade de neve. Em situações assim, é muito perigoso ser o último da fila.

E agora, hein? Ainda dá para ficar para trás? Não, é claro que não! Você precisa se mexer mais! Tem que sair dessa de que não está nem aí! Você está sim! Você tem responsabilidade! Você está desperdiçando dinheiro! Está jogando fora o seu tempo! E tempo não usado é perdido! Não volta mais! Eu sei que é mais divertido um filme do que a pesquisa. Eu sei que é mais agradável o bate-papo com os colegas do que a lição de casa. Mas nem tudo na vida pode ser feito só por prazer! Você tem que assumir o seu papel! Não diz que é estudante? Então estude! Aprenda a fazer primeiro e mais depressa o que não gosta! Aí sobra tempo para fazer o que gosta! Mas você tem que fazer! Você tem uma estrada para percorrer! E ninguém vai poder andar por ela no seu lugar! A estrada é sua! Você vai fazer a caminhada ser mais ou menos dura! Então se mexa! Então se vire! Um dia você também vai chegar lá! Você também vai vencer! Mas a sua caminhada está apenas começando! Se não andar agora, como é que vai correr quando for preciso? Vamos! Avante! Não se deixe vencer pelo desânimo! Ficar para trás pode ser perigoso!

Tem muita tempestade de areia aí pela frente na sua vida. Tem ainda muita tempestade de neve. Não fique para trás... É muito perigoso...

> "Deixando o barco rodar você pode se perder nas corredeiras da vida."

Esperar é Sublime

63

Será que você também é daqueles afoitos que não sabem esperar nem pela sua vez? Será que é daqueles que se consomem pela ansiedade? Daqueles que querem adiantar a contagem das horas? Da passagem do tempo? Está certo, é preciso correr para alcançar. É preciso lutar para conseguir. Só é preciso saber o tempo certo para cada coisa. Para colher o fruto é preciso cultivar a planta. E não tem outro jeito: é preciso esperar o tempo certo da colheita. A ansiedade não vai adiantar o processo de maturação. Não se alcança o topo da escada sem subir os degraus, lembra-se? Mas o que é pior é que a ansiedade consome o peito.

Na verdade, a vida é feita de espera. Tudo tem seu tempo. A mulher quase explode de felicidade ao se saber grávida. Mas precisa esperar nove longos meses para abraçar o seu primeiro filhinho. O lavrador lança a semente na terra e espera longos meses e até anos pelo fruto que o alimenta. O jardineiro cuida da roseira entregue apenas aos espinhos durante longo tempo, esperando pelo desabrochar das lindas rosas. Sim, tudo na vida é espera. Tudo tem seu tempo. Mas tem gente que acha que a espera tira o valor daquilo que é esperado. Mas é o contrário! É sublime esperar quando sabemos que o motivo da espera tem validade! A espera aumenta o valor do que é esperado! O tempo que esperamos por algo é parte do investimento que fazemos para usufruí-lo! Então, sem essa de ansiedade! Sem essa de querer adiantar o processo das coisas! Estabeleça seus alvos, sim! Corra atrás, sim! Persiga seus objetivos! Não desanime! Não desvie a atenção da linha de chegada! Pare apenas quando vencer! Tudo isso está certo! Apenas concentre suas energias no lugar certo. Se concentrar as energias na ansiedade, ficará sem as energias. Porque a ansiedade consome o peito. Ela suga as energias. Ela destrói.

O objetivo do nosso trabalho é ajudar você a ver que pode! Ajudar você a sentir que é capaz! Porque você é capaz! Você é dotado da condição de um vencedor! Você é dotado da força que precisa para chegar ao fim da corrida! E você vai chegar! Vai chegar porque está correndo muito bem! Apenas precisa alcançar a linha de chegada para receber o prêmio! Não adianta se consumir pela ansiedade! O prêmio não vem até você! É você que vai até o prêmio! Mas calma... Vá correndo... Esperando pela vitória. Porque é sublime saber esperar...

> “É sublime esperar quando se sabe que o motivo vale o preço da espera.”

Aceite Ajuda

64

"Eu não preciso de ajuda", "Pode deixar que eu me viro sozinho". É provável que você já tenha ouvido essas expressões muitas vezes. É provável até que já tenha usado essas expressões. São bem comuns, principalmente entre adolescentes na fase da descoberta da vida. O desenvolvimento vai trazendo a independência. À medida que crescemos, vamos precisando cada vez menos dos outros. Isso é natural. Mas será que chega um ponto em que não precisamos mais de ninguém? Será que podemos ser mesmo totalmente independentes?

Nenhum ser humano é uma ilha. A sua caminhada pela vida é que confunde você. Quando nasceu, você era totalmente dependente. Conforme foi crescendo, foi ficando cada vez mais independente. Esse é o processo natural do desenvolvimento. Mas aí chega a um ponto que começa a pensar que é cem por cento autossuficiente. A verdade é que as habilidades adquiridas subiram à sua cabeça. A capacidade conquistada encheu você de orgulho. Isso porque não existe independência total. Tudo na natureza é interdependente, o ser humano também. Cada vez que você afirma que não precisa de ninguém mostra que está precisando. Está precisando de alguém que ajude você a entender que precisa. Nós aprendemos uns com os outros. Nós crescemos juntos. Então, fora com essa ideia de que não precisa! Você precisa sim! Aceite ajuda! Peça ajuda quando for preciso! Deixe esse orgulho de lado! Você tem muito que aprender! E não vai aprender sozinho! Ninguém aprende sozinho! E você não vai ser o primeiro, poxa!

Veja, até os grandes cientistas carecem de ajuda. Carecem de apoio. Humildemente, sir Isaac Newton, considerado o pai da ciência moderna, reconheceu que enxergou longe por estar em pé no ombro de gigantes. Entendeu? Ele reconheceu que fez tantas grandes descobertas à base do que outros já haviam feito ou descoberto. É assim. Ninguém faz nada sozinho, não! Se você quer crescer, aceite ajuda! Você cresceu até onde está porque recebeu ajuda! Não foi sozinho! Você não é nenhum deus! Você não tem poder próprio! Não é sabedoria dar murros em ponta de faca! Então acabe com esse orgulho! Não tenha vergonha de aceitar ajuda! Não é vergonhoso! Você também tem muita ajuda para dar! Mas entenda: cada um dá o que tem! Você só pode dar se antes receber.

Olhe aqui. Deixe a presunção de lado. Aceite ajuda para continuar crescendo. A propósito, você sabe por que o mar é tão grande?

> O mar é imenso
> porque não rejeita
> o menor regato.

A Lição do Rio

65

Você conhece um ouriço? Aquele bichinho todo cheio de espinhos. O interessante é que os espinhos não afetam o ouriço. É que eles têm as pontas afiadíssimas para fora, fazendo a sua defesa. Imagine um ouriço com os espinhos ao contrário. Coitado! Ele se fincaria em tudo que se encostasse. Isso tornaria sua vida insuportável. Sabia que existem pessoas assim? É, mais parecem ouriços com os espinhos ao contrário. Onde encostam, finca. Tudo atinge essas pessoas: o que os outros fazem, o que os outros falam. Até o que os outros pensam. Será que você é uma dessas pessoas? Se for, precisa aprender a lição do rio.

O rio corre limpo, só trazendo benefícios às pessoas. Rega as terras por onde passa, sacia a sede de homens e animais. Dá vida e moradia a uma enorme variedade de seres. Produz beleza e alimento. O rio reflete a paz de um céu azul e a calma das folhas verdes que balançam ao sabor do vento. E o homem mal-agradecido bombardeia o rio de todas as formas e lados. Despeja no rio seu lixo e seu luxo. À medida que vai correndo para o mar, o rio vai recebendo as invectivas do homem. Num esforço extremo, ele vai se reciclando e se limpando. E sempre consegue chegar ao mar. E cumpre seu objetivo. E... interessante! O rio nunca reclama. O que se ouve dele é apenas sua música suave à medida que desliza, parecendo agradecer à natureza a razão da sua potência.

Entendeu? Então aplique! O rio só consegue chegar ao mar porque não liga para o que os humanos fazem. E você? Por que vive aí bicudo com o que alguém fez? Por que ainda se afeta com o que alguém falou? Por que se machuca com o que os outros pensam de você? Quem é você, afinal? Você é você ou é o que os outros falam? Você é você ou é o que os outros pensam? Ahaaa, sem essa! Pare com isso! Você tem seu objetivo! Você tem seu caminho para chegar lá! Então siga deslizando suavemente pelo seu curso! O que é que tem que ficar aí se martirizando pelas falas dos outros? Tá lembrando os tempos da escola, é? Quando você chorava porque o colega lhe provocava? Você cresceu! Não é mais criança! Ou será que ainda é? Você também se parece com um ouriço com os espinhos ao contrário? Ou tem a propriedade de filtragem do rio?

> “O rio atinge o objetivo porque não leva em conta as invectivas do homem.”

66

Sorria, Mesmo que Chore

A situação humana anda tão complicada que é difícil até cuidar da saúde. Se a gente não comer, morre, não é? Mas se a gente comer morre mais depressa, às vezes. Não é diferente com o remédio A gente toma para curar um mal. Mas o remédio também faz mal! Os tranquilizantes, por exemplo, estão cheios de efeitos colaterais. Isso mostra mais uma vez que é melhor usar o melhor remédio natural de todos os tempos: o sorriso. Sabia disso? A gargalhada é um tranquilizante, sem efeitos colaterais. Quando você dá uma boa gargalhada, o seu corpo inteiro agradece. O seu cérebro ordena o relaxamento. Então sorria! É natural!

Eu sei que você já está aí se defendendo que é fácil falar. Sei que está argumentando que na vida existem mais motivos para chorar do que para rir. Mas é por isso mesmo que o sorriso tem que ser uma constante em seu rosto. Sorria, mesmo que chore! Lágrimas demonstram dificuldade, demonstram tristeza. E nenhum guerreiro jamais venceu sem passar pelas dificuldades! Sem passar por tristezas! O guerreiro valente sorri a cada trégua! Sorri porque venceu mais uma etapa! Venceu mais um dia! Seu sorriso é a certeza de seu sucesso! Suas lágrimas são a certeza de sua perseverança! Seu sorriso é a esperança da vitória! Suas lágrimas são a demonstração de sua força! Seu sorriso é a lembrança de que a luta vai passar! Suas lágrimas são a expressão do seu sentimento! Sim, o guerreiro valente sorri, mesmo quando chora!

Se você quer ganhar a batalha pela vida, tome o remédio que não faz mal. A gargalhada é um tranquilizante sem efeitos colaterais. Busque com um sorriso a certeza do sucesso! Deixe a perseverança fazer brotar o seu sorriso! Sorria com a esperança da vitória! Tenha força para vencer as lágrimas! Lembre-se, com um sorriso, de que as dificuldades passarão! E não se esqueça que um sorriso expressa melhor seus sentimentos! Seja um guerreiro valente! Um guerreiro que sai para vencer! Um guerreiro que enfrenta as dificuldades! Um guerreiro que vence as dificuldades! Um guerreiro que sorri, mesmo quando chora, porque sabe que o sorriso vence as lágrimas! Sabe que o sorriso é a melhor arma da alma!

Alguém disse um dia que é com um sorriso falso que encontramos o verdadeiro. Na verdade, não existe sorriso falso. Porque ele sempre faz bem. Por isso, aprenda a sorrir, mesmo quando tem motivos para chorar.

> “A gargalhada é um tranquilizante sem efeitos colaterais.”
>
> Arnold Glassow

Ponto por Ponto

67

Você vê a espantosa figura de uma das pirâmides do Egito e se pergunta como aquilo foi construído. Ninguém sabe. Mas temos a certeza de que foi colocando ali pedra sobre pedra, uma de cada vez. Você sabe que é assim que funciona. Por que, então, se perde tantas vezes em ansiedade querendo sua construção pronta em um piscar de olhos? Nada é assim! Calma! É certo que você não deve se contentar com o pequeno! É certo que você queira ser grande! Queira ser o dono de grandes realizações! Mas grandes realizações não são feitas por impulso, e sim por uma soma de pequenas realizações! E isso pode levar tempo!

Se prestar atenção, verá que tudo é assim. A cidade em que você mora tornou-se uma cidade construindo-se casa por casa. A casa em que você mora tornou-se uma casa com a colocação de um tijolo após o outro. A roupa que você veste foi feita com a junção de milhares de pequenos pontos. Tudo é assim. Por que então se perder em ansiedade querendo que suas realizações aconteçam de repente? Você não tem nenhuma varinha mágica para fazer as coisas acontecerem. Sonhar grande é uma coisa, pode ser otimismo. Mas dar um passo maior do que a perna em direção à realização do sonho é tolice. Já diz o antigo ditado que a pressa é inimiga da perfeição. É bem verdade. Se você quer uma grande realização em minutos, certamente ela não será bem realizada. Não confunda. A rapidez é diferente da pressa.

Pior do que a má qualidade são os problemas gerados pela ansiedade. É o que está contaminando muita gente hoje em dia. A correria do dia a dia gerou uma sociedade ansiosa. Uma sociedade que sempre quer as coisas para ontem. Você não precisa se encaixar no molde em que outros foram moldados. É você quem vai sofrer as consequências do resultado! É você quem vai pagar o preço cobrado pela pressa dos outros! Não adianta dar a vida pelas suas realizações! Você precisa da vida para realizar! Isso não é ser herói, isso é ser mártir! E o que é pior, mártir por uma causa que nada causa! Apenas enche você de ansiedade! Deixe disso! Não é esse o caminho! Mude de rota!

É claro que você deve correr em busca dos seus objetivos. Mas com equilíbrio. É com inúmeros pontos que a sua veste foi construída.

> “As grandes realizações são uma soma dos pequenos feitos.”

A Dor Também é Cura

68

Há momentos na vida em que é difícil decidir. É verdade. É complicado. Ir ou ficar? Pegar ou largar? Andar ou correr? Fugir ou enfrentar? Desistir ou lutar? Quando você é tomado pela indecisão, é porque já está desistindo. A indecisão é inimiga. É destrutiva. É claro que precisa pensar bem. Precisa estudar direito cada ação. Mas se perder na indecisão, nãããão! Se ficar parado o bicho come! Se correr o bicho pega! Então voe! É isso mesmo! Saia voando! Faça qualquer coisa, mas não desista! Não entregue os pontos!

Olhe aqui. A indecisão quase sempre é covardia. O indeciso é medroso, tem medo do resultado da decisão. E aí fica parado. Fica sofrendo por antecipação, fica vivendo o que ainda nem chegou. Olhe aqui. Aguente essa: ***quem teme o sofrimento já está sofrendo pelo que teme.*** Então não tenha medo! Enfrente! Vá! Pegue! Lute! Não tem outro jeito! Saber com certeza o resultado não dá! Sempre haverá a dúvida! Mas só há um jeito de saber o resultado! E não é desistindo! É fazendo! Não é se esquivando! É atacando! Pode até doer, mas a dor também é cura! Colocar um osso quebrado no lugar causa dor! Mas cura! E ele fica mais forte no lugar quebrado! Fortaleça a sua fraqueza! Decida, oras!

Não estou falando de fazer loucura, não. Estou falando de perder tempo na indecisão. Estou falando do medo de não tomar ação. Do medo que faz sofrer por antecipação. Sofrer por aquilo que nem chegou ainda. E que talvez nunca chegue. O medo de se molhar quando a chuva nem caiu. Isso é moleza. É ceder à lei do menor esforço. É não ter a garra necessária pra se lançar na luta. É ser perdedor sem jogar. E você não quer perder. Você não quer deixar a vitória escapar. Então se mexa. Qual desses três tipos de pessoa você quer ser? Primeiro há os que fazem as coisas acontecer. Depois os que olham as coisas acontecendo. E ainda os que se perguntam o que foi que aconteceu. Ah, saia dessa. Faça as coisas acontecerem.

Se as coisas não derem certo, você terá a certeza de ter tentado. E terá aprendido. Estará mais bem preparado pra recomeçar, para voltar à luta. E dessa vez vencer. Mesmo com dor. Pois afinal, a dor também é cura.

> “Jamais se desespere em meio às sombrias aflições da sua vida, pois das nuvens mais negras cai água límpida e fecunda.”
>
> Provérbio chinês

Duvide Sempre

69

Imbecil é o sujeito que não concorda nunca... Ou que concorda sempre. Então, não duvide nunca. Ou, melhor, duvide sempre. Iiiiiih, o que é que você tem que fazer, afinal? Nunca duvidar ou duvidar sempre? Nenhum dos dois. Voltamos de novo àquela questão de equilíbrio, lembra-se? Essas duas palavras são muito fortes, devem ser evitadas. Às vezes, não se pode duvidar. Por outro lado, nunca deixe de ter dúvidas. Quando elas param de existir, é porque você parou em sua caminhada. Eu vou esclarecer.

Pode ser que você se culpe por ter dúvidas. Mas é bom que as tenha. Se não tiver dúvidas, não vai aprender. Não vai buscar o esclarecimento. Não vai obter respostas. Não vai se desenvolver. As maiores descobertas nasceram das dúvidas. Hoje, sabemos que a Terra tem forma circular porque alguém duvidou que ela fosse plana, como se acreditava. O assunto foi estudado e a dúvida deixou de existir. Aprendemos. Afirmam os entendidos do assunto que uma pessoa aprende mais nos primeiros quatro anos da vida do que em todo o seu restante. Isso porque as crianças perguntam o tempo todo e aprendem o tempo todo. O que são dúvidas senão perguntas? É preciso perguntar para obter respostas. Sendo assim, conserve as suas dúvidas. Nessa linha de raciocínio, duvide sempre. Quando não tiver mais dúvidas, é porque você parou de caminhar. Brecou o seu desenvolvimento. Atrofiou o seu progresso.

Também duvide do que escuta, duvide do que lê. Duvide até do que vê. Até os olhos enganam. Sem essa de estabelecer autoridades. É bem comum ouvir hoje em dia a expressão: "Eu vi na internet". Ué! Que autoridade é essa creditada à internet? Nem sempre o que lá está é a expressão da verdade. Outro já diz: "Foi um cientista que explicou". Ué! O cientista, por acaso, Deus? É claro que não dá para acreditar no que se escuta. Agora, cuidado. Duvidar é sabedoria, ficar na dúvida é tolice. Não duvide do conhecimento dos outros. Você não vai descobrir tudo. Você não vai aprender sozinho. Então, analise as informações. Comprove a idoneidade das fontes. Busque as respostas. Não pare nas dúvidas.

Outra coisa, nunca duvide do resultado do seu caminho. Nunca duvide que seja capaz! Não duvide do seu sucesso! Estabeleça a sua meta e vá! Percorra a sua estrada com confiança! Não dá para enxergar o futuro, mas confie! Acredite que vai dar certo! Que vai chegar lá! Que vai vencer! Duvide de quem falou que você não vai conseguir! Sim, nesse caso, duvide sempre!

> "Duvidar é sabedoria, ficar na dúvida é tolice."

Não Deixe Escapar

70

Se você tiver apenas uma flecha, tome cuidado ao retesar o arco. Tenha a certeza de que ela vai atingir o alvo. Do mesmo modo tome muito cuidado com a palavra que vai deixar escapar. Isso porque nenhuma das duas jamais volta à sua origem. Sim, como a flecha lançada, a palavra pronunciada jamais retorna. Aprenda disso uma lição muito importante: nunca perca uma oportunidade. Porque, assim como a flecha lançada e a palavra pronunciada, a oportunidade perdida também jamais voltará.

Você passa um longo tempo na vida estudando, planejando, aprimorando e esperando pela oportunidade de colocar tudo em prática. Mais do que isso, você não espera, você busca a oportunidade. Você persegue ferrenhamente a oportunidade. E quando ela surge, você recua. Você tem medo. Ora, o que é que está querendo da vida? Por que recua? Tem medo de quê? Se perder a oportunidade quando terá outra? Outra, porque a perdida não retornará jamais! Então não deixe escapar! Agarre-a antes que ela escape! Não dá pra ficar medindo as consequências negativas! Tudo tem um preço! O sucesso também!

Você precisa saber o que quer! Precisa estabelecer suas metas! Precisa destruir a indecisão! Eu sei que não dá pra saber o futuro com certeza! Mas é por isso que você é um lutador! É por isso que você é guerreiro! Pode até perder alguma batalha, mas está preparado para ganhar a guerra! Então não perca a oportunidade! Ela jamais voltará! Você a perderá para sempre! E depois não adianta lamentar! Não adianta criar aquele monte de "ses". "Se eu tivesse", "se eu não tivesse", "se isso", "se aquilo"! Era uma vez a chance da sua vida! O que não pode é perder a oportunidade! Agarre-a!

Às vezes é um tanto difícil definir ou decidir alguma coisa. Eu sei disso. Mas você precisa definir o que quer. Precisa saber do que precisa para conseguir chegar lá. Trace o seu quebra-cabeça e veja bem onde cada peça se encaixa. Quando a peça aparecer, não deixe para depois! Aproveite! Faça logo o encaixe! Se deixar para depois, terá dois trabalhos! E a peça vai continuar atrapalhando! Não perca tempo! Não titubeie! Não deixe escapar a oportunidade!

É provável que você não seja um arqueiro. Pode ser que tome muito cuidado com as palavras. Resta estar preparado para nunca perder uma oportunidade. Ela só vem uma vez. E não volta jamais.

> "Há três coisas na vida que nunca voltam atrás: a flecha lançada, a palavra pronunciada e a oportunidade perdida."
>
> Provérbio chinês

Otimista e Confiante

71

A gente está sempre falando que é preciso ser otimista, que é preciso acreditar, que é preciso confiar. É verdade, é preciso mesmo. Mas é preciso entender a colocação de cada coisa. É este o erro que muita gente comete: inverte o sentido. Ou aplica mal a exortação. Talvez por não entender bem a palavra. E palavra é uma coisa complicada. Serve tanto para esclarecer como para confundir. A língua que cura é a mesma que mata. Vamos ver, então, o uso correto de otimismo e confiança.

É fácil perceber que você precisa dos dois. Mas não é a mesma coisa? Longe disso! É esse o grande erro de muitos. Já falamos de outras vezes que otimismo não é criar um pensamento e contar com a realização dele. Isso é utopia. Leva à frustração. As coisas não são fáceis assim. O que você precisa é colocar os pés na terra. Planejar bem cada passo. Saber o que quer e como vai conseguir. Aí sim, se lançar na corrida pela vitória com otimismo! Correr esperando pelo melhor! Fazendo todo o esforço esperando que vá conseguir! Extrapolar o próprio limite contando com o prêmio da vitória! Colocar o esforço no que está fazendo sem olhar para o lado! Manter os olhos fixos no pódio, nem que seja na imaginação! Isso faz de você um otimista!

E se, de repente, surgir um contratempo? Se, de repente, alguma coisa atrasar a corrida? Se alguma coisa der errado? Se o pior acontecer? Aháaá, aí é que está. Não adianta o exercício do chamado pensamento positivo. Não adianta, se for um pensamento utópico. Se for um pensamento fora da realidade. O pensamento em si não vai resolver nenhum problema. Aí é que entra outra qualidade. Aí é que você precisa ser confiante! Precisa saber lidar com os problemas! Sim, é isso! Você precisa ter a certeza de que vai conseguir superar! Precisa confiar que vai superar! Você sabe lidar com a situação difícil! Você vai dar a volta por cima! Você vai continuar correndo! Você ainda não foi derrotado! Você não vai ser derrotado! Foi apenas uma queda! Apenas um pequeno atraso! Mas você confia que vai resolver! Você confia que vai chegar! Vai chegar porque você não senta no chão para chorar! Você levanta e corre! Você avança! Você é confiante!

Saia, então, na sua corrida pela vida com otimismo. Se algo der errado, confie que vai vencer assim mesmo. E vencerá. Essa é a diferença nas duas qualidades.

> "Otimismo é esperar pelo melhor. Confiança é saber lidar com o pior."
>
> Roberto Simonsen

Determine o Sucesso

O modo mais seguro de falhar é não se determinar a obter sucesso. É o caso de ter a vontade, mas não ter a força de vontade. É o caso de querer, mas não se empenhar. É o caso de tentar, apenas. Aquela ideia de que o importante é participar. Sim, está certo. Está certo se estiver participando de uma competição amigável. Se estiver praticando esportes. Esse espírito esportivo é elogiável. O importante é participar. Mas não é assim na luta desesperada que você tem que travar para sobreviver! Nessa luta, você tem que entrar para vencer! Você tem que participar para ganhar! Você ganha ou então não vive! Você vence ou estará perdido!

É assim, meu amigo, minha amiga. Corpo mole é para rede. A arena exige um corpo rijo. Na rede o corpo vai descansar, mas só isso. Vai passar pela vida sem viver. Na arena, o corpo vai lutar. Mas vai viver a vida que passa. Então vá à luta! Determine o sucesso antecipadamente! Marque já o seu ponto de chegada! Marque já a data da chegada! A data da vitória! Vá preparando a comemoração! Esteja determinado ao sucesso! Saia para vencer! Junte a vontade com a força! Não tente! Faça!

Determinação. Essa é a palavra. A palavra que pode resolver tudo. É claro que a maioria das coisas na vida não depende de você. Não adianta ir pescar e contar em trazer duzentos peixes.

Mas, se quiser ser bem-sucedido em um negócio de pesca, aí já depende de você. Basta determinar o sucesso. Estude bem o negócio para definir se é viável. Estabeleça as metas. Estabeleça a rota para chegar às metas. Estabeleça as datas. Marque os patamares que precisa ir atingindo até chegar ao topo. E então parta para o ataque! Parta para o trabalho! Trabalho duro, muitas vezes! Mas recompensador porque está perseguindo seus objetivos! E daí em diante não desista! Vá em frente! Até mesmo quando os ventos forem contrários! Se não der para navegar dez milhas, navegue duas! Mas não pare! Você está determinado a chegar! Está determinado a vencer! Está determinado a obter sucesso! Aí então ninguém segura você! Nada atrapalha você! Você tem determinação! E ninguém e nem nada vence um coração determinado! Porque um coração determinado não tenta, ele faz!

Esse é o motivo do fracasso de muita gente. A vida não é um jogo. É uma luta. Não dá para tentar. É preciso vencer.

> "O modo mais seguro de falhar é não se determinar a obter sucesso."
>
> Richard Brinsley Sheridan

Aprendendo com os Erros

73

Às vezes é difícil a gente ter ouvidos, não é? A gente escuta cada coisa... Imagine aquele sujeito que vive quebrando a cabeça dizer que isso faz parte do progresso. Ele diz que está aprendendo a errar. Olha, não sei se o caso é para rir ou é para chorar. Pense. Aprendendo a errar. É fantástico! É fabuloso! Isso extrapola todos os limites de um fracassado! Ultrapassa o cúmulo dos cúmulos! O sujeito vai viver a vida errando! Errando para aprender! E diz que está progredindo! Está aprendendo a errar!

A diferença entre um homem de sucesso e outro orientado para o fracasso é que um está aprendendo a errar, enquanto o outro está procurando aprender com os seus próprios erros. É bem diferente. Alguém disse um dia que "errar é humano". Temos que concordar com isto: somos imperfeitos e falhamos. Algum tempo depois, alguém acrescentou que "persistir no erro é burrice". Melhorou um pouco porque errar e usar a desculpa que é humano é grave. É o que você precisa aprender a fazer. Aprender com os próprios erros. Isso é inteligência. Então preste atenção nas coisas que faz! Quando alguma coisa sair errado, não culpe outros! Não procure desculpas! Não tente se justificar! Admita! Peça desculpas, se for o caso! Depois estude a razão do erro! Descubra por que errou! Identifique a fraqueza! E tome as providências necessárias para não errar mais! Pelo menos não nesse mesmo ponto! Fortaleça o seu ponto fraco!

É, acabamos de dizer que aprender com os próprios erros é inteligência. E é mesmo. Mas a sabedoria supera a inteligência. E aprender com os erros dos outros é sabedoria. É muito melhor. Dói muito menos. Então é questão de prestar atenção aos resultados dos erros dos outros e passar a evitar esses erros. É como seguir um carro atravessando um forte nevoeiro. Você não precisa cair num buraco ou bater em algo. É só prestar atenção ao que acontece com o carro da frente. Assim é no dia a dia. Preste atenção aos erros dos outros! Aprenda com eles! Não precisa cair no buraco em que outro caiu! Perceba por que o outro caiu! Desvie antes! Você não precisa de uma overdose para saber que mata! Já viu muitos morrerem antes de você! Isso é sabedoria! Aprenda com os erros dos outros!

Interessante. Até os erros podem ensinar. Aqui aprendemos que aprender a errar é fracassar. Aprender com os próprios erros é inteligência. Aprender com os erros dos outros é sabedoria.

> “Erre, mas aprenda.
> Errar é viver, humano
> é aprender.”

Eternamente Jovem

74

Desde os dias de Ponce de León o ser humano tem andado atrás da fonte da juventude. Muito tem sido feito pela ciência em busca da conservação da pele. Muito tem sido feito em busca da permanência da força. Nada lucra nem cresce mais do que a indústria de cosméticos. As cirurgias plásticas ganham força e trazem novidades a cada dia. Mas o ser humano continua envelhecendo. É triste, mas não **sem** solução. Você pode conservar a juventude. Pelo menos por um período mais longo. E pode ser mais saudável.

Você deve conhecer a musa do cinema italiano Sophia Loren. No topo de 83 anos de idade, ela conserva uma juventude invejável e uma beleza sem par. Ela afirma que *envelhecer pode ser agradável e até divertido, se você souber como usar o tempo, se está satisfeito com o que conseguiu e se continua sonhando*. Estão aí os ingredientes para maior conservação da juventude. A famosa atriz afirma ainda que *há uma fonte da juventude: é sua mente, seu talento*. Olha aí! Que boa lição! E está carregada de verdade! Você pode sim, manter essa força, essa vontade de viver! Primeiro use bem o seu tempo! Não se esqueça que tempo perdido é irrecuperado! Faça o que precisa fazer! Não deixe um segundo sequer escapar pelo vão dos dedos!

Depois você precisa contentar-se com o que conseguiu na vida. Precisa gostar disso! Amar tudo que tem! Porque tudo que fez é importante para você! Ame as pessoas! Ame a carreira! Ame seu trabalho! Viva a vida que construiu! Não importa o tamanho dessa construção! Não importa a importância dela! Para você, ela vale muito! Para você, ela vale tudo!

E, por último, mas não menos importante, continue sonhando. O sonho não acabou! O tempo passou, a vida não, caramba! Você ainda vive! Então sonhe! E sonhe grande! Não deixe o tempo matar o entusiasmo! Com 8 ou 80 anos o mundo é o mesmo! A vida continua! E a vida é bela! A vida ainda é sua!

Perceba que não é difícil se manter jovem. Há uma fonte da juventude: é sua mente, seu talento. Use, então, a sua mente para fazer um bom trabalho! Não se corroa com o pessimismo da passagem do tempo! O tempo passa, sim! Mas você não precisa passar com ele! Deixe que ele passe por você! Viva a vida! Há uma fonte da juventude: é sua mente, seu talento!

> “Eternamente jovem ainda não é possível. Mas é possível ser jovem por toda a vida.”

Não Critique, Trabalhe!

75

Parece que o que mais alimenta o ego do ser humano na atualidade é criticar. Como se critica neste país! É certo que você não deve nem pode concordar com as barbaridades que acontecem por aí. Mas há um detalhe que precisa ser levado em consideração antes de criticar. A maior de todas as ignorâncias é rejeitar uma coisa sobre a qual você nada sabe. E, em nossos dias, a maioria rejeita uma ideia sobre a qual nada sabe pelo simples fato de nada saber sobre ela. Isso não é crítica. É a demonstração de extrema ignorância.

As críticas precisam existir. Elas podem ser construtivas, mas só edificam quando são coerentes. Quando têm por objetivo melhorar a condição do que é criticado ou trazer a público uma realidade não bem conhecida. Mas essa crítica que se tornou comum em nossos dias é negativa. Essa crítica que aparece sempre que a pessoa não gosta de algo. Ela não gosta e, então, critica. Isso não ajuda nada! Isso não serve para nada! Isso não é crítica, é reclamação! É demonstração de ignorância! Isso faz mal! Cria mágoa no seu coração! E a mágoa é corrosiva! É destrutiva!

As pessoas dizem que têm o direito de criticar, mas não é verdade. Elas têm direito de falar o que quiserem. Ninguém pode impedir. Mas direito à crítica tem quem conhece bem o assunto criticado. Para criticar você precisa saber fazer melhor! E precisa estar em condições de fazer melhor! Se não pode então está perdendo tempo! Está concentrando suas energias no lugar errado! Está causando mal a si mesmo! Use o seu tempo para trabalhar! Para aprender! Para buscar! Concentre suas energias naquilo que vale a pena, naquilo que é do seu interesse! Não jogue fora suas forças com aquilo que não é da sua conta, oras!

Eu sei que você defende que são da sua conta os problemas sociais e políticos do seu país. Eu sei que eles afetam você. Sim, eu sei, afetam a mim também. De nada adianta, porém, querer arrefecer o sol em um dia de calor escaldante. Não desperdice as suas energias naquilo que nada pode fazer a respeito! Coloque seus esforços naquilo que pode e deve fazer! Trabalhe! Aprenda! Busque! Mas não critique o que não conhece!

Não perca seu tempo. Nem seus esforços. Eles valem mais, muito mais, do que as críticas.

> “A maior de todas as ignorâncias é rejeitar uma coisa sobre a qual você nada sabe.
>
> H.Jackson Brown”

Firmeza de Propósito

76

Não é nada fácil gastar tanto tempo da vida estudando, aprendendo. Depois gastar tanto tempo em planejamento. É difícil sair por aí praticando o que foi planejado. Mas o mais difícil é sentir a dificuldade de alcançar o almejado. As tempestades são fortes por demais. Muito mais vem contra a execução dos seus planos do que a favor. Às vezes você desanima. Dá vontade de deixar tudo e sumir. De repente parece que nada vale a pena. Parece que não vai chegar a lugar algum. Parece que não vai atingir seus alvos.

E não vai mesmo se continuar aí se lamuriando! É difícil, sim! Mas quem falou que seria fácil? Talvez a dificuldade esteja justamente em estabelecer planos. Quando se planeja, se corre o risco de estabelecer o irreal. E fica margem para a possibilidade de não se realizar. Pare de planejar, então. Estabeleça primeiro um propósito. E tem diferença? Sim, muita diferença! Quando você faz planos sem propósito pode planejar o impossível. Estabelece aquilo que quer que aconteça. Mas nem sempre é simples assim. Estabeleça, então, um propósito. Marque o que você quer da vida. Aonde você quer chegar. Você pode ir longe, pode sonhar grande. Mas não saia da realidade. Os pontos marcados devem ser pontos alcançáveis. Aí, então, você vai planejar o que fazer e como fazer para alcançar o seu propósito.

Mas olhe aqui. Nada disso adianta se você for um fraco. Se você sentar para reclamar da primeira nuvem que aparecer. Escute bem agora: **O segredo do sucesso é a firmeza do propósito.** Sim, você tem que fincar o seu propósito em rocha firme. Não pode permitir que nada lhe tire a força. Não dá para reclamar das dificuldades. Precisa enfrentar e vencer as dificuldades! Não importa a força da tempestade! Você tem que ser mais forte do que ela! Você tem que passar pela tempestade! Não importa o que venha contra os seus planos! Você ajusta, reajusta, inova, renova, inventa, reinventa, mas segue porque você tem um propósito firme! Você não desanima! Você não pensa em sumir porque você assumiu! Assumiu um propósito! E nada tira você de rumar em direção a ele! Você sabe que vai realizar o seu propósito! Você conhece o segredo! Você sabe que é a resiliência! E você tem essa qualidade! Você tem essa capacidade! Você tem um propósito!

Você não cansa. Você não muda. Você só tem um caminho. Você conhece a direção. Sabe que vai alcançar o sucesso. Porque sabe que...

> “O segredo do sucesso é a firmeza do propósito.
>
> Benjamin Disraeli”

Conhece o Caminho?

Você sai em uma viagem confiante que conhece bem o caminho. E conhece mesmo. Já passou por ali outras vezes. No entanto, em certo viaduto a mão foi invertida recentemente e você é levado para o outro lado. Ali não conhece nada. De repente está perdido. Viu? Nunca é tão fácil se perder como quando se julga conhecer o caminho. Uma olhada no navegador teria evitado o problema.

A autoconfiança é necessária, é produtiva. O excesso de autoconfiança é perigoso. É contraproducente. Você precisa confiar em você. Acreditar que é capaz, que pode. Porque é capaz mesmo. Você pode mesmo. Mas precisa acreditar porque sabe que tem condições. Sabe que adquiriu condições. Ou pode adquirir. Não é o caso de confiar apenas com o sentimento. Tem um bocado de gente por aí que confia que vai acontecer um milagre na sua vida. Mas está esperando por um bocado de tempo. Essa confiança é apenas sentimento. O que estou querendo dizer é que você precisa de base para sua confiança. Acredita que vai conseguir porque sabe que tem condições. E confia mesmo.

Não costumamos entrar aqui em questões de fé. Na verdade respeitamos muito todos os tipos de fé. Só estamos querendo fazer uma comparação. Quando a pessoa expressa crença em algo só porque ouviu falar, não é fé. É credulidade. Só ouviu falar e pronto.

Fé é outra coisa. A fé carece de base. Carece de evidências, embora de coisas não vistas. Logo se entende que a fé vem de conhecimento adquirido. Da mesma forma funciona a confiança. Há pessoas que reclamam que não adianta a motivação. Que já tentaram de tudo, mas não conseguem vencer os seus problemas. Não é verdade que já tentaram. Elas apenas acham que se motivaram, mas na verdade esperam por um milagre. A motivação é pra fazer você se mexer! Fazer você andar! Fazer você agir! Fazer você entender que é capaz! Que pode! Porque você pode mesmo! É capaz mesmo! Mas precisa se mexer! Buscar condições! Autoconfiança em excesso faz você se perder pelo caminho!

Está percebendo o ponto? É melhor não confiar. Os caminhos mudam com o tempo! Use o navegador! Acate as sugestões! Aprenda as mudanças do trajeto! Mexa-se! Esforce-se! Não espere por milagres! Adquira as condições necessárias! Confiança não é um sentimento! É uma condição adquirida! Adquira a sua!

Você já sabe aonde quer chegar. Já conhece o caminho. Adquira agora as condições.

> “Nunca é tão fácil se perder como quando se julga conhecer o caminho.
>
> Provérbio chinês”

Errou? Não é o Fim

78

Não importa a fraqueza que o levou à queda. O que importa é ter força o bastante para levantar. Não interessa se você errou. Ficar aí se martirizando não vai consertar o seu erro. Não adianta se matar por isso. Se tomar essa ação só vai cometer mais um erro. Se você está sentindo o peso da sua falha é um bom sinal. Pior é errar e nem perceber. Errar e não levar em consideração os problemas causados.

Uma coisa é você se sentir arrependido pelo erro praticado. Esse sentimento pode levar ao perdão. Pode levar ao conserto do erro. Pode ajudá-lo a evitar o mesmo erro no futuro. Outra coisa bem diferente é se condenar pelo erro cometido. Você não é o único a cometer erros! Que atire a primeira pedra quem nunca errou! Pronto! Não vai haver pedradas! Todo mundo erra! Errar é viver! Humano é aprender! Então viva! Então aprenda! Mas não fique aí se lamentando por ter errado!

Não importa quantos passos você deu para trás, o importante é quantos passos agora você vai dar para frente. O passado passou, não volta mais. Não dá para desfazer o já feito. Mas é possível consertar. Em vez de ficar se concentrando no erro e nos seus efeitos, procure o que pode fazer para remediar. Não tem jeito, não tem conserto? Então pode pedir perdão. Não tem jeito, não há perdão? Então aprenda com o erro e não erre mais. Use o que aconteceu ao menos para aprender. Mas não adianta ficar caído! Tem que se levantar! Tem que continuar! Porque a vida continua! Lamentar, sim, mas se corroer em lamento, não! Um erro não conserta o outro, puxa vida! Sai dessa! Levante a cabeça e enfrente! Resolva o que for preciso!

Não é possível escapar das consequências do erro. Você colhe o que planta. Mas aguente as consequências agora. Não é fácil, muitas vezes. Mas ficar com o peso em cima não dá. Você não vai aguentar. Então, reúna toda a sua força e jogue esse peso pro alto. Livre-se dele! Se for preciso, busque ajuda! Mas não se esmague embaixo do peso! Isso não é sabedoria! Isso é fuga! E fugir nunca foi a solução! Problema é como bola de neve! Se rolar, vai crescer cada vez mais! Então enfrente! E resolva! E depois esqueça!

Não importa quantos passos você deu para trás, o importante é quantos passos vai dar para frente. Você não é o único a cometer erros. Não seja o único tolo a se matar por isso.

> “Não importa a fraqueza que o levou à queda. O que importa é ter força bastante para levantar.”

O Passado Ensina

79

Você continua nessa corrida louca pela vida em direção ao futuro. Você busca o futuro. Sabe que o restante da sua vida está lá. Você tem objetivos firmemente estabelecidos! Você não olha para trás! O que interessa está à frente! Você caminha em busca da vitória! Sabe que vai vencer! Você sente dores pelo que já passou na vida! Mas você desconsidera e segue em frente! Você cura as chagas e continua! Ficam as cicatrizes para lembrar, mas você vai! Você é um vencedor e vai vencer a batalha final!

Você está certíssimo. É para frente que se deve olhar. O passado só serve para trazê-lo ao presente e ensinar lições. Mas... espere um pouco. O passado serve para... ensinar lições. É isso mesmo. O passado ensina, mas o homem vive no futuro. Desde que me lembro da minha existência, o homem está vivendo no futuro. Está buscando outros mundos. Trabalhando para conseguir morada quando a Terra já não suportar mais. Preparando-se para quando já não mais tiver água potável. Preparando-se para quando o inimigo vier atacá-lo com uma arma mais poderosa do que a sua. O homem vive sofrendo por antecipação. O homem vive no futuro. Não presta atenção ao passado e nada aprende com ele. Se olhasse para o passado, por certo aprenderia que não precisa buscar outros mundos.

Basta aprender com os erros que cometeu arruinando a Terra. Não precisaria se preparar para quando não mais houver água potável. Aprenderia a cuidar melhor da água que tem. Não precisaria de armas mais poderosas. Aprenderia que as maiores e vitoriosas batalhas até hoje foram as resolvidas em volta de uma mesa. Mas ele só continua destruindo na sua sede desmedida do futuro.

Vê se consegue aprender a lição. Você tem objetivo, e isso é ótimo. Você busca a vitória, e isso é maravilhoso. Não liga para as cicatrizes. Não liga ao menos para as chagas. Você é forte e vence. Mas,se você tem cicatrizes, é porque se feriu um dia. Se você tem chagas, é porque se machucou. O que foi que aprendeu disso? Se não olhar para trás para aprender lições, vai continuar se ferindo! Se não aprender com o passado, vai errar novamente! E persistir no erro não é humano! Olhe para o passado sim! Aprenda! O passado ensina!

Aprenda você. Não seja desumano como está sendo o atual ser humano. Ele não aprendeu nada com Hiroshima. Não aprendeu nada com o Vietnã. Não aprendeu nada com o passado.

> “O passado ensina, mas o homem vive no futuro.”

Assuma!

80

Tolo é aquele que naufragou seu navio duas vezes e continua culpando o mar. Errou até a cobrança do pênalti e culpou o sol. Perdeu-se na viagem e culpou o mapa. Conhece alguém assim? Ah, deve conhecer. Tem muita gente por aí desse tipo. Gente que acha que a desculpa desfaz a falha. Gente que acha que nunca erra. Qualquer falha é sempre culpa de outros. Ou culpa de alguma coisa. Nunca de si mesmo.

É claro que ninguém gosta de errar. Principalmente se o erro gerou uma situação constrangedora. Mas quem não erra? Quem não escorrega de vez em quando? Então, por que a preocupação tão grande em se justificar? Isso é complexo de superioridade. Acreditar que nunca comete erros. Falta de olhar para si mesmo e ver o que, de fato é: um ser humano imperfeito como qualquer outro. O problema é acreditar que a desculpa desfaz a falha. Isso não é verdade. A única maneira de remediar um erro cometido é assumindo. Quando você não assume, o erro permanece. Quando usa de desculpas esfarrapadas, o erro cresce. Agora é mais de um. Mas quando você assume e procura consertar o efeito é outro.

Então não fique aí de cara amarrada dizendo que a culpa do problema é do colega. Vá lá ver o que pode ser feito para reparar o erro. Vá lá reconhecer a falha! Vá lá pedir desculpas! Se não tem conserto, peça perdão! Isso faz toda a diferença! Experimente e verá que a briga termina em abraços! Não exija que o outro peça desculpas! Dê você o primeiro passo! O que quer, afinal, ganhar uma disputa ou resolver um problema com o colega? Não exija, então, um pedido de desculpas! Peça você! Seja humilde! Seja muito forte! É, a humildade exige força! Seja forte, então, e assuma! Assuma seus erros!

Quando você não admite um erro, a ideia é fingir que ele não aconteceu. Se não aconteceu, não existiu. Esqueça. Mas é exatamente o contrário. Quando você assume o seu erro, passos são dados para consertar o mal feito. E uma vez consertado, o erro desaparece. Já não existe. E o que é melhor: sua mente registra o fato e fica mais difícil errar novamente. Não se engane, então. Não se justifique! Assuma! É sublime reconhecer a falha e se desculpar! Assuma... e o erro será apagado. Assumir os erros é demonstração de sabedoria.

> "Tolo é aquele que naufragou seu navio duas vezes e continua culpando o mar.
>
> Publio Siro"

Decida Você

81

Você está trilhando um caminho difícil. Mas você não desiste. Está preparado para as dificuldades. Na verdade, você aprendeu a não ver as dificuldades. Para você, tudo é desafio. E você gosta de desafios. Acredita que são eles que fazem a vida valer a pena. Nada impede você de chegar ao cume da montanha. Não se contenta com a visão lá de baixo. Você nasceu para o alto! Nasceu para a glória! Nasceu para vencer! Vai continuar a sua escalada sem se importar com as dores! Sem se importar com as pedras que dilaceram a carne! Nem se lembra do que deixou para trás! O passado passou! Sua vida está no futuro! E você vai! Você continua! Porque o seu sonho é maior do que a sua vida!

Você sabe que a beleza do topo faz valer a pena as dificuldades da escalada. Seja qual for o seu objetivo, persiga-o com essa certeza. A certeza de que nada supera a força de um motivo. Você vai vencer.

Você é carregado de sabedoria. Você flutua nas nuvens e olha lá de cima a situação aqui embaixo. Vê a luta de seres humanos pra sobreviver. Vê o desespero em que pessoas se batem para conseguir o melhor. Você percebe que poucas pessoas têm paz mental nesse mundo de hoje. Você toma a firme decisão de que vai viver uma vida mais simples. Você quer a coisa mais importante da vida. Você quer a paz que tão poucos têm! Na verdade, você quer o impossível para os nossos tempos! Mas você gosta de desafios! Você tem sabedoria o bastante para saber o que é melhor! Você não costuma usar a palavra "impossível"! Você vai conseguir o que quer!

Você não se incomoda de acampar ali na parte mais baixa do terreno, você gosta da paz que existe ali. Você não quer grandes coisas. Entendeu que basta pouco para ser feliz. Na natureza, tudo é de graça. Você aprendeu que o homem que menos almeja é o que mais se sente realizado.

É assim. Tudo na vida é assim. Você pode escolher. E quase sempre há mais de uma escolha. Há múltiplas escolhas. Só precisa se conscientizar de que não existe escolha sem perda. Fixe, portanto, a mente no que vai ganhar com a sua escolha. Você vai vencer, eu sei! Vai vencer de qualquer jeito! Vai porque você sabe o que quer! Sabe aonde quer chegar! Vai fincar a sua bandeira no pico do monte! Ou armar a sua barraca no sopé da montanha! Decida você!

> "Não há escolha sem perda."

Mente Preguiçosa

82

Aaaah, lá vem você com essa história de que tem dificuldade em aprender. Lá vem você com essa desculpa de que não teve muita oportunidade na vida para aprender. E mais a outra de que inteligência não é para todos. Saia desse raciocínio furado! Larga mão de desculpas esfarrapadas! Se você não sabe é porque não aprendeu. Mas não culpe a falta de oportunidade. Não culpe a falta de inteligência. Não culpe a dificuldade em aprender. É dificuldade em aprender ou dificuldade de **querer** aprender?

É fato que alguns são mais inteligentes do que outros. Também alguns têm mais oportunidades. Por isso, nunca fique chateado caso não tenha conhecimento sobre algum assunto que estiver em pauta. Você não tem obrigação de saber tudo, nem sobre tudo. Não tenha vergonha de dizer que não sabe, porque não é vergonha nenhuma. Toda ignorância deve ser desculpada.

Os maiores cérebros de todos os tempos não acumularam todo o conhecimento. Isso é impossível. Você não é menor por não conhecer tanto quanto outro. De fato, há um que pode ser mais inteligente. Há outro que teve mais oportunidade. Mas todos têm capacidade. E você também tem! A questão é como usa essa capacidade! Será que ela usa óculos e vive sentada em uma cadeira de balanço enrolada em uma manta? Será que a sua capacidade não envelheceu descansando? Você tem dificuldade de aprender ou aprende a ter dificuldade? Você tem falta de oportunidade ou tem preguiça mental? Toda ignorância deve ser perdoada, mas toda mente preguiçosa deve ser condenada! Abaixo as desculpas! Desde quando preguiça é dificuldade?

Quantos casos conhece de pessoas que marcaram os tempos e eram sem escolaridade? Mas são pessoas que mexeram com o cérebro. Não deixaram o cérebro descansar. Pessoas que nunca tiveram oportunidade, mas fizeram a oportunidade. Pessoas que entenderam que o conhecimento é para todos. Ele só não vem a você. Você precisa buscá-lo. Então saia dessa zona de rebaixamento próprio! Deixe de lado essa história de comodismo! Tire esse cérebro do pacote! Ponha os neurônios para trabalhar! É de exercício que eles precisam! Não deixe a sua capacidade envelhecer na espreguiçadeira! Pare de arrumar desculpas! O infinito está aí pra você aprender! Não há fim do conhecimento! Mas precisa dar um fim na sua mente preguiçosa!

Não se envergonhe com a falta de conhecimento sobre certo assunto. Mas não se acomode depois de saber que ele existe e você nada sabe a respeito.

> “A ignorância deve ser sempre perdoada, como sempre condenada deve ser toda mente preguiçosa.”

Onde Está a Força

83

Diga-me com quem andas e eu te direi quem és. Você já deve ter ouvido isso alguma vez. É um ditado antigo, mas carregado de verdade. A ideia é que você acaba se transformando no tipo de pessoa com quem se associa. Há defensores de uma teoria gritando por aí que você é a média das cinco pessoas com quem passa mais tempo. Detalhes à parte, é certo que você é um ser influenciável. Então, veja lá.

A verdade é que você é moldado pelo que tem à sua volta. Pode ser moldado de forma positiva ou negativa, mas é moldado. Sendo assim, precisa aprender a usar bem as suas influências. O que é que você quer da vida, afinal? Se já sabe, então observe quem ou o que está colaborando para atingir seu objetivo. E em quem ou o que está atrapalhando. Você quer se dar bem no amor, mas vive ouvindo músicas de dor de cotovelo! Você quer se dar bem com os outros, mas vive assistindo filmes violentos! Você quer se sair bem na vida profissional, mas anda com desocupados! Quer se dar bem na escola, mas tem por amigos os menos estudiosos! Quer se dar bem com a família, mas se associa com rebeldes! O que é que você quer, afinal? Ninguém planta milho e colhe arroz! Você quer o mundo colorido, mas vive pintando de cinza! Vive o contrário do que quer e espera acertar! Não é esse o caminho! Mude essa rota!

Olha aqui. Você tem valor. Você é forte. Você tem capacidade. Você tem qualidades. Tem sabedoria. Só está focando tudo no alvo errado. Você está desperdiçando tudo que tem. Está gastando seu tempo no tempo errado. Vive mal o presente e quer ter um futuro bom. O futuro será a colheita do presente. Está gastando sua força com a fraqueza dos outros. Saia dessa vida! Caia fora desse molde! Pare de reclamar que está caído! Que está por baixo! Que o mundo é mau! Que tudo está contra você! Que o inimigo é muito poderoso! E é mesmo! Mas não é tão forte assim, é a sua fraqueza que lhe dá força! Decida o que você quer da vida! E viva no meio de gente que quer a mesma coisa! Gente que trabalha para conseguir! Gente que vence!

Você não é um fraco. Apenas está no meio de fracos. Aprenda isto:

> "Não é a força do inimigo que mina o poder do herói, mas a fraqueza dos que o cercam."

Fale com o Coração

84

Nem sempre quando a boca fala os ouvidos ouvem. Mas quando um coração fala, o outro sempre escuta. Aprenda a fazer seu coração falar. Quando você não aciona seu coração, a boca fala por ela. É quando sai tudo automático. Sai tudo frio. Tudo muito imperativo, mas sem sentimento. Quando você produz no coração o que quer falar, pode deixar que ele faz o resto. Agora sim. Soa tudo mais caloroso. Mais verdadeiro. Mais romântico.

O nosso mundo está ficando endurecido pela correria de cada dia. O nosso mundo está ficando frio pela falta de sentimento nas relações. O nosso mundo está se acabando na falta de bons costumes e conservação de valores. Está ficando tudo diferente, sombrio. Os corações já não falam mais. O ser humano vai se perdendo no próprio emaranhado que o trouxe aqui. O sistema humano agoniza. Só sobrevive porque vive das próprias barbaridades que criou. Nada parece funcionar. Tudo é incoerente. Nada parece fazer sentido.

É assim que você se sente? Pode ter certeza que não é o único. Esse não é um sentimento pessimista, não. É a expressão da realidade do momento. Só que ficar se lamuriando não adianta nada. Nada resolve se morder de raiva do que acontece. Você tem é que seguir na contramão. Para apagar o fogo basta não prover combustível. Aprenda você a falar com o coração! Deixe a frieza de lado! Esqueça a dureza nos sonhos da sua noite agitada! Cale a boca de quem só fala com a boca! Fale você com o coração! Tem medo? Tem vergonha? Vergonha de quê? Vergonha de parecer um ser humano? Ah, qual é! Está na hora de deixar de lado as atitudes animalescas! Dê você o primeiro passo! Não deixe mais a boca falar o que vem da cabeça! Pense, sim! Mas sinta depois! Só então, fale! Mas fale com o coração! Escute seu coração!

Eu sei que tem aquele que afirma que você precisa agir com a razão, não com o coração. Mas o que esse pobre desprovido de sentimentos não sabe é que nada tem mais razões do que o coração! Esse coração de que estou falando envolve a mente. É o seu interior inteligente completo. Mas quando você anula o sentimento só a parte dura e fria do seu interior trabalha. Aí então só a boca fala. E quase nunca os ouvidos ouvem.

Fale com o coração. Porque...

> “Nem sempre quando a boca fala o ouvido ouve. Mas quando um coração fala o outro sempre escuta.”

Resumo

Você está vivendo. Você está caminhando pela vida afora. Não sabe quanto tempo viverá. Sempre espera que seja o máximo possível. Mas quanto é esse máximo? Aaah, melhor que fosse a eternidade. Mas, se é impossível viver para sempre, viva de tal modo que fique para sempre o seu nome. Quando um dia falarem de você — e você já não estiver por aqui —, que possam fazer um resumo positivo. Que resumo poderão fazer da sua vida? Dependerá do que estiver vivendo agora.

Um resumo é a exposição breve de um fato em que se apresentam apenas os aspectos mais relevantes. Que aspectos relevantes da sua vida está praticando agora? Que aspectos ainda vai praticar para que fiquem marcados? Não se corroa com o passado se, por acaso, não foi dos melhores. Acerte tudo agora! Passe a escrever a sua história com mais dignidade, com mais substância! Que não fique um dia a lembrança de alguém que apenas passou pela vida! Que não recordem uma pessoa sem graça! Uma pessoa sem viço! Uma pessoa irrelevante! Não vale a pena viver uma vida inteira se o resumo dela não aguçar a vontade de ler toda a história! Marque a sua passagem pela vida! Escreva uma história que valha a pena ser lida, que valha a pena ser recordada... Uma história de aprendizado. Uma história que ensina.

O resumo de uma vida, de fato significativa, bem que pode ser: aprender... para ensinar. É isso! Viva a vida para aprender... e ensinar. Não há limite para o aprendizado. Abra a mente para o mundo. Observe nas pequenas coisas a grandeza de um ser. Sinta que não há limite para o seu crescimento. Avance para o infinito. Não desperdice seu tempo. Aprenda e depois... ensine. Nunca guarde o conhecimento, pois guardado ele apenas enaltece o ego. Partilhado enobrece o ser. Guardado morre inerte. Partilhado vive ativo. Guardado vale apenas o que é. Partilhado vale aquilo em que pode se tornar. Transmitir o que se sabe é eternizar a existência. Mas cada um só pode dar aquilo que tem. E é sempre mais feliz quem dá do que quem recebe. É por isso que você precisa viver de tal modo que valha a pena! De tal modo que seus rastros não se apaguem jamais! Se você não pode ficar, que fique a marca da sua vida! Que fique a **sua vida** na vida de quem ficar! Que você não passe jamais, mas fique naquilo que deixar!

> “O resumo de uma vida de fato significativa bem que pode ser: aprender... para ensinar.”

Consequências

86

Toda ação provoca uma reação. Isso é o que ensina a física. E naturalmente é uma verdade firmemente estabelecida. Imutável, como toda verdade. Infelizmente, nos dias velozes em que vivemos, isso fica esquecido pela maioria. E os resultados não são dos melhores. Por não se levarem em conta as reações, as ações se tornam irresponsáveis. A física tem suas razões. Mas eu lhe digo de modo mais claro que **a vida não é decidida pelos atos, mas pelas consequências**. Por não se levar em conta as consequências, os atos se tornam irresponsáveis. E os resultados não são dos melhores.

Quantas vezes você usa expressões como "eu não quero nem saber", "eu num tô nem aí", "tô pouco ligando"? Se o assunto é dos outros, está certo. Mas, se envolve algum ato da sua parte, então você tem que querer saber sim! Você tem que estar aí sim! Tem que ligar sim! O seu ato pode não significar muito, mas as consequências dele podem ser funestas! Pode ser que o ato em si não provoque nada, mas as consequências dele podem causar a morte! Se os atos são seus, por que as consequências têm que ser dos outros? Aaaah, já sei. Você tem direitos. Está certo, tem mesmo. Mas o seu direito acaba onde começa o do outro, puxa vida! Você não é uma ilha! Você vive em comunidade! Seus atos afetam os outros! E têm consequências!

Você aí que é estudante. Pode "nem querer saber" das lições de casa. Pode "num tá nem aí" com essa de estudar. Pode "tá pouco ligando" para notas baixas. Esses atos da sua parte não fazem nenhuma diferença. Eles não lhe causam nenhum mal... agora. Mas pense nas consequências deles! Você vai perder o seu tempo! Vai gastar dinheiro à toa! Não vai alcançar seus objetivos! Vai andar se arrastando atrás dos outros pela vida afora! Ou pode até sofrer consequências piores! Importam, sim, os seus atos! Importam porque eles geram consequências! Então se mexa! Repense o que está fazendo da vida! Veja o que está fazendo com a vida! Você só tem uma! Pode ser que seus atos não estraguem a sua vida, mas a sua vida poderá ser estragada pelas consequências dos seus atos! Você não pode fugir disso! Você não tem como fugir disso! Então encare! Pense mais e melhor antes de cada ato, antes de cada ação!

É muito fácil errar quando não se tem sentença. Mas nesse caso tem sentença sim.

> "A vida não é decidida pelos atos, mas pelas consequências."

Espere a Eternidade

87

É um tempo quente/é um frio sem tempo/congelando a mente/matando a memória/que conta a história/de quem já viveu./O relógio marcado/num tempo cansado/dá o alerta — desperta!/pois já é hora/o dia começou lá fora./O café corrido/o corpo doído/a condução/a confusão/o tempo escasso/o atraso... e o fracasso./Satisfação ao superior/que não quer saber nem supor/que o tempo é pouco/que eu ando rouco/sem tempo de me tratar. ... Opa! Isso até parece um *rap*! E é verdade. Esse é o trecho de um texto de quem criou o *rap* há muito tempo, mas não deu continuidade. Eu acho que fui eu mesmo. E já reclamava da falta de tempo. Certamente hoje a vida está ainda mais acelerada. Mas não é a vida, você é que acelera a passagem do tempo.

Olhe, não está errado, não. A gente tem mesmo que correr atrás dos objetivos. Afinal, só se ganha a corrida correndo, não é mesmo? Só que existe aí uma grande diferença. Em uma corrida de verdade, só o que você precisa fazer é correr. Ela é de curta duração. Na corrida pela vida, é diferente. Você precisa fazer muitas coisas. É onde a pressa precisa ceder lugar à rapidez. O problema da atualidade é que geralmente se tem muita pressa e nem tanta rapidez. A pressa continua sendo inimiga da perfeição. A pressa gera ansiedade. A ansiedade deixa você sempre com pressa. Torna-se um ciclo vicioso. E você não vive. Apenas corre. O problema é achar que nunca tem tempo, quando na verdade tem todo o tempo do mundo.

A ansiedade gerada pela sua pressa não vai acrescentar um segundo à sua vida. Pode abreviar a duração dela. A questão é que vive cada dia como se fosse o último. É o contrário. Viva cada dia da sua vida como se fosse viver eternamente! Porque você pode viver eternamente! Pode viver nas coisas que faz! Quando atropela tudo pela pressa, faz malfeito! E o malfeito não é estimado! O malfeito é logo esquecido! Mas, pode ter certeza, **quando o futuro é a eternidade, a pressa cede lugar ao aperfeiçoamento**. E, quando você aperfeiçoa, fica! Pode ficar para sempre! Pode ficar para a eternidade! Então deixe dessa pressa sem sentido! Na corrida pela vida, não é só correr! Você tem que viver! Seja rápido, mas não tenha pressa! Não viva para correr! Corra o necessário para viver!

Viva cada dia da sua vida como se esperasse viver para sempre.

> “Quando o futuro é a eternidade, a pressa cede lugar ao aperfeiçoamento.”

88

Busque o Infinito

Quando o limite é o infinito, onde você está faz parte do caminho. Pense no que limita você. O que acha? Você só deveria reconhecer os limites do corpo. E ainda assim pode superar esses limites se seu limite for o infinito. É isso. Por que você estabelece um limite nas coisas que faz? Por que limita o seu tempo? Por que limita a sua capacidade? Por que limita a sua vida? Você cria as barreiras quando deveria enxergar a liberdade que o infinito pode trazer.

A sua mente é infinita, mas você pensa em limites. E acaba atrofiado pelas próprias ideias que concebe. O medo é que cria o limite! O limite é que gera a incerteza! A incerteza é que traz a insegurança! A insegurança é que atrofia a força! E sem força você fica limitado! E limitado você não produz! Limitado você não cresce! Limitado você não sai do lugar! E parado você não vence!

Perceba que os grandes feitos da humanidade foram conseguidos por pessoas que não conheciam limites. Por muito tempo, o ser humano lamentou não poder voar como uma águia nos céus. Mas alguém não lamentou. Tinha os limites do corpo, mas não da mente. E então criou o avião. E depois outras naves mais poderosas. E hoje conquista o espaço. Hoje, o homem voa onde as águias não podem voar. Então pare de limitar o progresso! Pare de limitar o sucesso! Você pode ultrapassar os limites do corpo! A sua mente é capaz! A sua mente é infinita! Ela pode tudo! E, quando ela pode, estica os limites do corpo! Você vai além!

Se você ainda acha que não pode, deve estar usando a mente de modo errado. Ou não está usando. Ou faz parte daquele rol que anda esperando milagres. Ora, o que é um milagre? Aquilo que é infinito. Aquilo que está além da mera capacidade humana. Milagres acontecem todos os dias. Mas eles só acontecem depois da base montada. O botão desabrocha em uma linda rosa. É um milagre! Você é incapaz de fazer isso. Mas houve quem cultivou a roseira. E assim vai. Então estabeleça a sua base! Saia do casulo da tranquilidade! Pare de esperar pelos outros! Pare de achar que está limitado! Por que você não está! Não tenha medo! Não tenha limite! Para os vencedores o limite é o infinito!

Marque na sua vida os lugares de chegada. Mas não marque o lugar onde vai parar.

> “Quando o limite é o infinito, onde você está faz parte do caminho.”

Ame o que Tem

89

Você deve ter uma lista imensa das coisas que quer na vida. E já deve ter estabelecido a sua rota de conquista. Isso é ótimo! Isso é ser positivo! Isso é ser otimista! Fixe a mente nas coisas que quer e parta para a luta! Conquiste! É de conquistas que se constrói a vida! É usando bem a vida que se consegue as conquistas! Nada é mais saboroso do que alcançar o pódio! Nada é mais saboroso do que receber o troféu! O sabor da vitória! O sabor da conquista! O sabor da vida bem vivida!

Só não vale entrar na disputa como tanta gente por aí. Gente que não sabe competir, que sabe o que quer e é capaz de fazer qualquer coisa para conseguir. Gente que só vai ser feliz — ou, pelo menos, pensa que vai — depois de conseguir o que quer. Gente que não tem alegria na vida. Gente que não usufrui a competição. "Fazer qualquer coisa" para conseguir o que se quer pode ser perigoso. Não vale a pena sair por aí pisando nos outros. Não vale a pena competir de modo desonesto.

O segredo do vencedor é que sempre está feliz. Ele compete para aumentar sua alegria, para aumentar sua coleção de troféus. Mas ele gosta de competir. É feliz com a vida que leva. Ele se alegra mais com os troféus que já conseguiu do que com aquele que está buscando. É fácil entender a lição: aprenda a amar tudo que já possui. O que você tem é seu! Ninguém vai tirar de você! Olhe para a sua vida! Veja quantas vitórias! Reviva essas vitórias a cada dia! Relembre cada momento de conquista que já viveu! Calcule quanto vale a sua riqueza, a sua conquista! O que você é! O que você possui! Nada no mundo vale mais do que isso! Tudo isso é seu! Tudo isso é você! Nada disso está mais na disputa, você já conquistou! É seu! É você!

Sim. Ame tudo o que tem. Porque tudo o que tem merece amor. Por menor que seja é um grande troféu. Por pouco que seja é sua maior riqueza. E é o que vai ajudar você a continuar competindo com lealdade, a continuar em busca da vitória. Mas continuar feliz com as vitórias que já conquistou.

Fazer tudo para conseguir o que se quer pode ser perigoso. Mas...

> “Quando se quer o que se tem, não é preciso fazer tudo para ter o que se quer.”

Mantenha-se Ocupado

90

Você já deve ter ouvido aquela ideia de que, quando quiser algo bem-feito e rápido, deve delegar a alguém ocupado. É que pessoas ocupadas tendem a aproveitar melhor o tempo. São pessoas organizadas, praticam uma boa agenda. Começam cedo no dia, cedo na semana, cedo no mês, cedo no ano. São pessoas que têm alvos diários, semanais, mensais e anuais. Têm uma escada para subir. Uma escada com vários patamares já marcados. São pontos de chegada. Mas o topo da escada está no infinito. Você não pode enxergar. Essas são pessoas que progridem, que produzem. Pessoas que fazem a diferença, que desconhecem o ócio. Pessoas que estão sempre ocupadas.

Isso não que dizer que você não pode mais dormir. Não quer dizer que não deve ter horário certo para se alimentar. Muito pelo contrário, pessoas ocupadas têm programação para descanso, exercícios, boa alimentação e lazer. Aí é que está a diferença. Elas rendem muito, produzem muito. Porque são organizadas. Estão sempre ocupadas. Isso quer dizer que você deve manter-se sempre ocupado, tendo sempre bastante para fazer. Não deixando nada para depois. Aproveitando bem o tempo. Mesmo que seja em momentos de lazer. A ociosidade, a falta de ocupação é que são inimigas. A preguiça, a indolência é que são perigosas.

Parece exagero usar a palavra "perigosa", mas é isso mesmo. Não há nada mais perigoso no mundo do que o ser humano com tempo sobrando. As ideias piores nascem da falta de ocupação. Então não deixe o tempo sobrar! Não seja daqueles que deixam para depois! Não seja complacente consigo mesmo! Sempre achando que, afinal, precisa descansar um pouco! Sempre achando que anda trabalhando demais! Reveja a sua programação! Refaça-a se for preciso! Mas não diminua o ritmo! Não caia na armadilha do sossego! Não se deixe apanhar pela preguiça! Não procure desculpas para não fazer nada!

Eu sei que um bocado de coisas desanimam. Coisas que cansam, coisas que estressam. Mas não tem outro jeito. Assim é a vida. Preste atenção que vou lhe dar uma boa dica. Faça sempre uma programação bem cheia. Mantenha seu tempo sempre bem ocupado. E coloque no fim de cada semana um prêmio para você. Outro no fim de cada mês. Mas só entregue o prêmio se conseguir cumprir a programação. Caso contrário, vai ficar na vontade.

Pode ter certeza: pessoas que realizam muito são pessoas mais bem protegidas. Elas correm menors perigo porque...

> "Não há nada mais perigoso no mundo do que o ser humano com tempo sobrando."

Busque a Sabedoria

91

Um sábio do passado, entre os tantos conselhos que deu ao seu filho, disse a ele para buscar a sabedoria como a coisa mais importante. Podemos nós também acatar esse conselho. Isso porque, na verdade, nada é mais importante do que a sabedoria. O problema é que poucos a conseguem. O problema é que poucos entendem o que é sabedoria. Geralmente, é confundida com instrução ou conhecimento. É muito mais. Sabedoria é a capacidade de aplicar o conhecimento adquirido, envolve compreensão, entendimento, discernimento. Alguém já disse que a sabedoria consiste em se reconhecer um sábio. Sim, ninguém nasce sábio, mas pode se tornar sábio. Por isso, precisa atentar aos sábios. O tempo é um fator importante. Não quer dizer que o jovem não possa ser sábio. Ele pode e deve. O primeiro passo é prestar atenção. O jovem se mostra sábio quando atenta à sabedoria do idoso.

Em décadas passadas, quando se tornou mais fácil frequentar a escola, os jovens passaram a ter maior conhecimento do que as pessoas de mais idade. Aí surgiu a ideia errônea de que os mais velhos ficaram ultrapassados. De que suas ideias já não se aplicavam tão bem. E ainda hoje essa confusa ideia permanece na mente de muitos. Mas é errada! Por mais conhecimento que você adquira, nunca poderá superar a experiência de uma vida! É impossível viver em 20 anos o que alguém viveu em 50! Você pode ter mais juventude, pode ter mais vigor! Pode ter mais cultura! Pode até ter mais conhecimento! Mas você não tem mais experiência. Você não pode ser mais sábio.

Mas você pode ser sábio sim. Mesmo ainda bem jovem. Como? Por atentar aos sábios. Portanto, preste atenção ao que ouve, aos resultados das ações. Aceite que precisa aprender. Continue a ser aluno. Alguém já disse que *sábio nem sempre é o que ensina; pode ser o que de repente aprende*. Ouviu? Infelizmente muita gente, quando deixa de ser criança, deixa também de ser aluno. Para de aprender. Começa a ensinar. Aí então atrofia o seu progresso. Não cometa esse erro! Entenda que não há fim para o aprendizado! Aceite que outros sabem mais e melhor do que você! Coloque abaixo o orgulho! O orgulhoso que pensa tudo saber não sabe aprender. Mas quem assume que não sabe aprende! É sábio quem adquire cada vez mais instrução e com o tempo maior sabedoria.

> “O jovem se mostra sábio quando atenta à sabedoria do idoso.”

Reflita

92

Quando sai em uma viagem por um caminho desconhecido, você sempre leva um mapa. Antes de sair, estudou o mapa. Mas o mapa é a teoria; a estrada é a prática. Por isso, de vez em quando você precisa parar para consultar o mapa. Isso não é perder tempo, é sabedoria. Se achar que está no caminho certo e errar, vai perder muito mais tempo. A caminhada pela vida não é diferente. Por mais que você se prepare, é preciso parar de vez em quando para ver o "mapa". Isso quer dizer reflexão. Parar para refletir sobre como as coisas estão se saindo, sobre como está a sua rota. Em que pé está o desenvolvimento dos seus assuntos. Sim, é preciso parar para refletir.

Na corrida pela vida, às vezes você pensa que não tem tempo para reflexão. Mas está enganado. Está com falta de tempo justamente porque não gasta tempo em reflexão. Vai correndo sem saber ao certo aonde quer chegar. Ou talvez saiba, mas não sabe se a rota está certa. Não sabe como estão os resultados da sua caminhada. Não tem pesado os lucros e os prejuízos. Não percebe um atalho ao lado. Pode não chegar aonde quer. É preciso mudar esse ritmo.

Pare! Deixe de achar que é tão importante que tem que estar em todo tempo e lugar! Pare de pensar que é insubstituível!

De achar que tudo vai parar com a sua parada! Vai parar mesmo qualquer hora dessas! Vai parar quando você parar! Quando perceber que andou em círculos, que andou errado! Aí, então, poderá ser tarde demais.

A reflexão precisa fazer parte da sua vida. Você precisa refletir sobre como vai usar melhor o seu tempo. Refletir sobre a melhor maneira de executar o seu trabalho, sobre os resultados que está conseguindo. Refletir sobre as correções da rota que precisa fazer. Refletir sobre como é afetado pelas pessoas que tem ao seu redor. Refletir sobre os valores que estabeleceu, sobre o resumo da sua vida. Sobre o contexto da sua existência, sobre a história que está escrevendo. É preciso refletir no epílogo dessa história. O que é que você vai deixar? Já estabeleceu o seu legado? É mais um motivo para reflexão. Então, pare! Gaste tempo em reflexão! Ganhe o tempo do acerto do caminho! Reflita sobre as coisas mais importantes! Reflita sobre como estão essas coisas mais importantes! Reflita sobre como quer que elas fiquem, sobre como quer que elas façam lembrar de você!

> Quando nos perdemos em reflexão, nos encontramos em sabedoria.

Não Fale, Pense

93

O homem que é prudente não diz tudo que pensa, mas pensa tudo que diz. Você já sabe que a palavra falada é como a flecha lançada, nunca mais volta. Uma vez que saiu da boca não tem mais jeito. Às vezes, é possível consertar o dano causado por uma palavra mal falada. Muitas vezes, porém, o dano é irreversível. Pode causar grande desgosto, pode até ser fatal. Por isso, é preciso aprender a pensar mais. Pelo menos aprender a pensar mais antes de falar.

Talvez você conheça esta história. É um antigo conto judaico. Certo sábio foi fortemente caluniado por um homem. Por algum motivo, o caluniador deu-se conta da besteira que havia feito e procurou o sábio para se desculpar. Estava disposto a fazer qualquer coisa para reparar seu erro. O sábio pediu apenas que ele tomasse um travesseiro de penas, que o abrisse e espalhasse as penas ao vento. Diante de tal facilidade o caluniador logo executou a tarefa. Voltou ao sábio para confirmar o perdão. Ficou assustado com a sequência. "Agora vá e recolha todas as penas", foi o que ouviu. "Mas como? É impossível. O vento espalhou todas as penas", foi o que respondeu. Aí apareceu a sabedoria do primeiro homem. "Reparar o dano causado pelas suas palavras é tão difícil como recolher todas as penas."

É fácil entender a lição. Uma vez proferidas, as palavras não podem ser recuperadas. O mal que tiverem que fazer já foi feito. Por isso, não fale! Pense! Pelo menos pense antes de falar! Quando tiver vontade de jogar na cara daquela pessoa o que ela precisa ouvir, pare! Pense! E o que você precisa ouvir? Está pronto para ouvir agora?! Ou quer deixar pra depois? Quando a vista escurecer e der vontade responder daquele jeito, pare! Pense! Quantas vezes já fez escurecer a vista de alguém? Então não fale o que tem vontade, oras! Pense antes de falar! Depois de pronunciada, a palavra não volta!

Você quer progredir! Você quer alcançar o sucesso! Você quer vencer! E isso é muito bom! Mas precisa aprender a engolir seco muitas vezes! Porque quem fala o quer ouve o não quer! E o que você não quer pode ser a demissão! Pode ser a falta de uma promoção! Pode colocar em jogo a sua vitória! Imagine! A vitória perdida por palavras! Então, não fale! Pense!

Já disse um antigo sábio que "mesmo o tolo, quando calado, é tido por sábio". Não fale o que está pensando. Pense no que quer falar.

> "O homem prudente não diz tudo quanto pensa, mas pensa tudo quanto diz."
>
> Aristoteles

A Pressão Refina

94

Um diamante é um pedaço de carvão que se saiu bem sob pressão. Impressiona observar como a natureza ensina! Até embaixo da terra. É a pressão sobre o carvão em altas temperaturas no interior da terra que produz o diamante. E você aí, reclamando da pressão que está sofrendo. A pressão refina, ensina. A pressão melhora a sua condição. A pressão transforma carvão em diamante.

Certo homem falou sobre a dificuldade que teve com sua esposa durante os muitos anos de casamento. Quando alguém se admirou, perguntando como suportou tudo, a explicação foi simples: "Eu devo muito a ela. Ela fez de mim um homem de verdade", explicou o bom homem. Sim, a pressão do casamento o refinou. Fez com que ele adquirisse qualidades que antes não possuía. A pressão transformou o carvão em diamante. O homem se tornou uma pessoa melhor.

Você é um ser humano imperfeito. Consequentemente, comete falhas. Certamente você quer melhorar a sua personalidade. Você quer falhar cada vez menos. Então, aceite a pressão. Encare a pressão como treinamento. Assim como o tempo que o jovem passa no exército. Quando ele chega lá é um pobre pozinho de arroz, um garotão muitas vezes mimado. Um polidinho do tipo “não me toque”. Abre a boca chamando pela mamãe todas as noites, tem até medo do escuro. Aí ele passa por um treinamento intensivo. Na verdade, nada mais do que pesada pressão. Então ele sai um soldado do exército. Um homem pronto a enfrentar o que der e vier. Um homem que aprendeu a superar a pressão. A se refinar com ela.

É isso. E você aí reclamando dessa pressãozinha que está sofrendo. Pare com isso! Deixe de moleza! Nem é tanta pressão tem assim! Vai ver que é porque você ainda é um pozinho de arroz! Ou quem sabe ainda é um polidinho, um bebezinho da mamãe! Vamos para frente! Cresça e apareça! Aceite a pressão como forma de treinamento! Como forma de refinamento! Porque é isso que ela é! Ela fará de você a pessoa que precisa ser! Uma pessoa refinada! Uma pessoa melhor! Uma pessoa mais forte, mais equilibrada! Uma pessoa preparada para o que der e vier! Uma pessoa pronta para vencer!

Pois é. É assim que funciona. E, sendo assim, não reclame da pressão que sofre. Quem pressiona, às vezes, é porque ama mais. Porque quer o melhor para você.

> “Afinal, um diamante é um pedaço de carvão que se saiu bem sob pressão.”

Devaneios Não!

95

Alô! Alô! Terra chamando. Terra chamando. Alô, Marte. Terra chamando. Câmbio. Onde é que você está? Em Marte?! Ou será que está em Plutão?! Saia dessa vida! Venha para a Terra! Volta para a realidade! O mundo passa enquanto você fica aí perdido em devaneios! Pare com isso! Você tem mais é que enfrentar a vida! Encarar a realidade! Não adianta fugir daqui quando você está aqui e não tem outro jeito! Viver de fantasia nunca foi viver! Fantasia não leva você a lugar algum!

Aí vem aquela criatura se desculpando. Vem dizendo que aprendeu a sonhar grande porque foi incentivada. Diz que foi motivada. Essa criatura não está entendendo nada. Sonhar grande, buscar grandes e nobres objetivos é uma coisa. Perder-se em devaneios é outra bem diferente. Sonhar é querer, é visualizar o futuro. Sonhar é estabelecer metas. É traçar o caminho. É marcar os pontos a serem alcançados. É marcar o ponto da chegada final. O ponto do sucesso. O ponto da vitória. Sonhar é para os grandes. Para os que aceitam os desafios da conquista, para os lutadores. Para aqueles que sonham e buscam a concretização dos seus sonhos. Para aqueles que não perdem o foco. Aqueles que vencem.

O devaneio é outra coisa. É viver de utopia. Viver de irrealidades. É a fuga do real, do agora. Saia dessa, meu! Perder-se em devaneios é perder-se na vida! É perder a própria vida! É perder o tempo! E tempo perdido é irrecuperado, lembra-se? Devaneio é para os fracos! Para aqueles que não enfrentam a realidade! Para aqueles que se refugiam na fantasia! Aqueles que acham que seus desejos se realizarão automaticamente! Aqueles que fogem da luta! Aqueles que fogem das dificuldades da estrada! Aqueles que preferem o comodismo de uma zona de conforto. Que não enfrentam os desafios! Que não vencem os desafios! Que não lutam! Que apenas imaginam! Que perdem o foco na fumaça constante dos seus devaneios! Aqueles que nunca vencerão porque nunca lutaram! Aqueles que nunca conhecerão a vitória!

Puxa vida! Volta de Marte! Saia de Plutão! Volte pra Terra! Aqui está a sua realidade! Aqui está a sua luta! Não deixe que os devaneios levem você para tão distante! Enfrente! Lute! Vença! Sonhe, sim, sonhe grande! E parta em busca da realização dos seus sonhos! Mas não se perca em devaneios! Não se perca em fantasias! Porque a sua vida é uma realidade! E a realidade é vida!

> “Olhar para o caminho não leva a lugar algum.
> É preciso percorrê-lo para chegar.”

Tempo de Vitória

96

Nenhuma vitória é conquistada sem esforço. Nenhum sucesso é alcançado sem luta. A vida não é composta de uma única batalha, não é apenas **um** jogo. É como um campeonato. Se perdeu um jogo, aí então é que precisa juntar forças para ganhar os próximos. Aí é que precisa estudar e desenvolver novas táticas. Por isso, pare de lamentar alguma derrota. Você não é um fracassado, apenas perdeu uma batalha. Mas precisa continuar para ganhar a guerra. Você perdeu um jogo, mas pode ganhar o campeonato.

O campo da derrota não está povoado de fracassos, mas de homens que tombaram antes de vencer. O que você não pode fazer é dar-se por vencido! Você não pode tombar! É preciso se erguer de novo! A luta continua! A derrota em uma batalha já é passado! Mas a vitória final ainda é futuro! E é para lá que você caminha! Sentar e lamentar a perda leva à perda de tempo! E perder tempo é deixar de viver! Viva, então, para a conquista da próxima luta! Levante o seu grito de guerra e ataque novamente! Dessa vez com maior vigor, com mais vontade! Dessa vez com a certeza da vitória!

Analise de perto o que levou à derrota. Identifique os erros cometidos, corrija os erros praticados. Ajuste a rota. Prepare o campo de ataque. Prepare as armas. Amole as ferramentas. Não importa em que campo seja, você pode se sagrar vencedor. Você pode ainda ser vitorioso. A vida continua. Então ainda há chance. Só é preciso erguer a cabeça, usar bem o tempo, aprender com o passado. Mas não lamentar o que passou. Amargar a derrota tira a visão do doce sabor da vitória. Você não precisa ser invencível. Apenas tem que marcar a maior pontuação. Então, não se concentre em uma derrota sofrida. Atente à vitória final.

Então levante essa cabeça! Chega de lamúrias! Tire o traseiro da grama! O chão é para o descanso dos que tombam! Mas você continua! Você vive! Você tem muitos jogos pela frente! Vá usar o tempo para se preparar melhor! Só o tolo lamenta a derrota! O sábio usa a derrota para reflexão! Usa a derrota para aprender! O sábio sempre volta à luta com força maior! E volta para vencer! E vence!

Levante-se, a vida continua. E enquanto ela continua é tempo de vitória.

> “O campo da derrota não está povoado de fracassos, mas de homens que tombaram antes de vencer.”
>
> Abraham Lincoln

Decida ser Feliz

97

As decisões são uma constante na sua vida. Você toma decisões a todo instante. As decisões é que decidem a sua vida. Você decide que vai usar roupa azul no sábado. E você passa o sábado de roupa azul. Você decide que vai comer lasanha no domingo. E você saboreia uma lasanha no almoço. Você decide que vai passar o fim de semana na praia. E você desfruta as belezas do litoral no fim de semana. É assim. Você vive as decisões que toma. Puxa vida! Então por que você não decide ser feliz?! É uma questão de decisão! Quase sempre a maior ou menor felicidade depende do grau de decisão de ser feliz! Então decida! Grite aí: eu vou ser feliz! E saia por aí a esbanjar felicidade! Pronto! É simples assim!

O que complica é a poluição mental que hoje toma conta da mente humana. Tudo se confunde. Vem aí alguém dizendo que a decisão de ser feliz não é própria. Vem alguém afirmando que depende das coisas à sua volta. Depende das realizações. Dos resultados. **Isso não é verdade!** O que é verdade é que acontecem coisas que nos entristecem, coisas que nos trazem momentos infelizes. Mas nada é capaz de tirar a felicidade de quem **é** feliz. É como a alegria. Alegria não é um sorriso nos lábios; é a sensação de contentamento interior. Alguns sorriem chorando, outros choram sorrindo. Você pode decidir imitar o primeiro ou o segundo. Mas a decisão é sua! É você quem decide ser feliz ou não!

O primeiro passo é amar muito a você mesmo. Deixar dessa bobeira de querer ser como outras pessoas. Você não é outra pessoa. Pode até melhorar a sua personalidade. Melhorar as suas habilidades. Mas continua sendo você. E deve amar você. Essa pessoa maravilhosa, essa pessoa que sente! Essa pessoa que ama, que respira, que serve, que deseja! Que vive a vida que lhe foi dada para viver!

Depois precisa encarar o mundo como ele é. Sujo, ímpio, imoral, violento, degradado, é verdade! Mas também é lindo, maravilhoso, cheio de pessoas como você. Carentes, às vezes, mas cheias de amor pra dar. Assim como a parte estragada da fruta que você corta e joga fora, corte o que não presta do mundo e use o lado bom! Ele existe! Está aí à sua disposição! Você só precisa enxergar.

Não adianta. Você não vai conseguir provar o contrário. Quase sempre...

"Quase sempre a maior ou menor felicidade depende do grau de decisão de ser feliz."

Abraham Lincoln

Sonho é Realidade

98

Se você pode sonhar, também pode tornar seu sonho realidade. Sonho é projeto. E projeto é o planejamento que se faz para a execução de alguma coisa. Ninguém constrói sem projeto. Sem pensar nos detalhes. Sem imaginar como ficará depois de pronto. Tudo é cuidadosamente calculado. Mas é tudo na mente. Nada é visível. Nada é concreto. Logo, um projeto é um sonho. Um planejamento é um sonho. Mas ninguém projeta para nada. Ninguém planeja para nada. Por que você apenas sonha, então?

Muita gente diz que você precisa acordar para a vida. Precisa parar de sonhar. Nããããão! Não faça isso. O que você precisa é não se perder em devaneios, em utopia, lembra? Mas sonhar é preciso. E sonhar bem alto, bem grande. E depois acordar, sim. Acordar para um novo dia. O dia da execução dos seus sonhos. É isso. Saia agora mesmo desse casulo! Comece a caminhada para as realizações! Estabeleça a sua rota! Determine o que separa você da realização dos seus sonhos! Aí parta para a luta! Lute contra essas barreiras! Destrua os obstáculos! Enfrente os desafios! Construa o que foi sonhado!

Você idealizou aquela linda casa. Ficar olhando o projeto em cima da mesa não constrói a casa. O projeto em si não abriga você. O projeto em si não tem grande valor. O projeto em si não contenta. É preciso partir para a construção. E construir tem suas dificuldades. É preciso contar com o mau tempo, com a falta de algum material, com o aperto financeiro. Até com algum erro na execução. Mas a casa só acontecerá colocando tijolo sobre tijolo. Um de cada vez. Mas ela vai acontecer. Ela vai trazer o contentamento esperado. Vai gerar a proteção necessária. Var ser valorizada.

E então? Vamos começar a realizar os seus sonhos? Você já tem o projeto. Precisa entender que essa é a parte mais fácil. Mas não quer dizer que o difícil seja impossível! Esse é o seu problema! Prefere acreditar nas mentes negativas que o bombardeiam todos os dias! Prefere continuar na zona de conforto. Prefere continuar lamentando as impossibilidades! Se não quer executar por que criou o projeto? Se acha impossível a execução por que idealizou? Isso não é sonho! É utopia! Se tem sonhos, então realize! Parta para a execução! Não importa o trabalho gerado! Nada é fácil mesmo! Mas com trabalho se realiza! Com garra se consegue. Com força se faz! E você tem tudo isso! Só precisa sair da defesa e atacar!

> “Se você pode sonhar, também pode tornar seu sonho realidade.
>
> Walt Disney”

Você Não é uma Ilha

99

Você pode sonhar, criar, desenhar e construir o lugar mais maravilhoso do mundo. Mas é necessário ter pessoas para transformar seus sonhos em realidade. Quem usou essa ideia sabia o que estava dizendo. Foi ninguém menos do que Walt Disney. Apesar de tudo que ele sonhou, criou, desenhou e construiu, precisou de pessoas para executar. Em nossos dias, parece que o mundo se esquece disso. As pessoas são relegadas a segundo plano, senão ao último. As criações têm se tornado mais importantes do que os criadores. Ou que os operadores delas. O fator humano é desconsiderado. Mas ele ainda impera.

Cuidado! Você não é uma ilha! Por maior capacidade que tenha, você ainda precisa de pessoas! Preste atenção, então, em como está se relacionando com elas! Muitos dos seus problemas, das suas dificuldades, das suas chateações, podem ser o resultado dos seus relacionamentos! Você espera seu computador começar a trabalhar todos os dias, espera com paciência, mas não tem paciência com o colega que demora! Você fica ansioso pelo horário do seu programa favorito, mas já não tem ansiedade por reencontrar as pessoas que esperam por você! Quando o seu carro falha em algum aspecto, você não o joga contra uma grande pedra! Mas joga pedra (ou, pelo menos, tem vontade de jogar) em um amigo que falha com você! É assim que caminha a humanidade. Torcendo e colaborando para uma humanidade sem humanos.

Cuidado! Você não é uma ilha! Você precisou de pessoas para vir à existência! Você precisou de pessoas para crescer! Você precisou de pessoas para aprender! Você precisou de pessoas para ser o que é! Você precisará de pessoas em todo o restante da sua vida! As máquinas são frias. Seu computador não precisa de um sorriso. Seu televisor não carece de um carinho. Seu *tablet* não reclama atenção. Mas as pessoas são dotadas de calor humano. E o que acende a chama que gera esse calor é o reconhecimento. Um simples sorriso. Um pequeno carinho. Um tiquinho de atenção. Isso porque ninguém é uma ilha, ninguém vive isolado. As pessoas precisam das pessoas. As pessoas dependem das pessoas. Não caminhamos por uma planície. A vida é cheia de altos e baixos. Por isso, trate bem as pessoas quando estiver subindo, porque tornará a encontrá-las quando estiver descendo.

Cuidado! Você não é uma ilha!

“Você pode sonhar, criar, desenhar e construir o lugar mais maravilhoso do mundo. Mas é necessário ter pessoas para transformar seus sonhos em realidade.

Walt Disney”

100

Dormir para Sonhar

Eu dormia pouco. Saía logo cedo na minha correria. Era uma luta ardida todos os dias. Não tinha tempo para nada. Eu não perdia tempo em planejamento, pois tinha muito para executar. Eu não podia parar. Todos gritavam e eu a todos respondia. A todos atendia. Meu dia parecia não ter fim. Não tinha nenhuma amizade com o descanso. Eu precisava correr, afinal. Era muito para fazer. Quando já não podia mais eu me jogava e dormia. Mesmo que não quisesse, eu precisava dormir para descansar. E dormindo não tinha tempo nem para sonhar. Eu só precisava descansar. Eu era o corre/atrás/do/nada.

Golpeei o ar durante muito tempo. Por mais tempo ainda corri atrás do vento. Não acertei o alvo. Não alcancei o objetivo. Golpes em vão. Corrida para o nada. Quando olhei para mim, me dei com uma face rota. Com um olhar cansado. Vi sombras que tolhiam meu sorriso. Que levavam embora minha vida. Vida que eu nem vivia. Então eu parei! Parei na contramão! Na contramão de tudo que estava acontecendo! Entendi que precisava ir contra a corrente! Precisava mudar. Precisava ser diferente! Deixar de ser um maria-vai-com-as-outras. Parei de correr, de querer alcançar o nada. De buscar o que não sabia.

Hoje já não durmo para descansar, durmo para sonhar. É isso! Os sonhos! Sonhar é viver! Sonhar é projetar a vida! Sonhar é estabelecer o futuro! É buscar a realidade! É programar a realidade! E eu sonhei grande demais! Sonhei alto demais! Agora sigo descansado e feliz, construindo o que foi sonhado! Agora sei o que é sucesso! Agora sei o que é vitória! Agora sei o que é viver! E continuo sonhando! Porque de sonhos não há fim! O limite é o infinito! Onde estou faz parte do caminho!

Você também pode sair desse desespero! Pode deixar essa luta sem objetivo! Parar de golpear o ar! Deixar de correr atrás do vento! O que é que você quer da vida? Já sabe? Então sonhe! Mas sonhe grande! Sonhe alto! Sonhe distante! Depois percorra essa distância! Faça essa escalada! Alcance essa grandeza! Você é o construtor dos seus sonhos! Por isso pare de se debater para lá e para cá! Saia desse desespero! Vá dormir um pouco. Mas aproveite bem o tempo. Use o tempo para sonhar. Só então, depois, use a vida para construir o sonhado. Porque você é o único construtor dos seus sonhos. Eu aprendi.

> “Hoje já não durmo para descansar, durmo para sonhar.
>
> Walt Disney”

248

Wanderley da Silva